Ingrid Riedel
Wechseljahre

W0462083

Ingrid Riedel

Wechseljahre

Sich selbst
und dem Leben
eine neue Richtung
geben

Kreuz

Bibliografische Information Der Deutschen Bibliothek
Die Deutsche Bibliothek verzeichnet diese Publikation in der Deutschen Nationalbibliografie; detaillierte bibliografische Daten sind im Internet über
http://dnb.ddb.de abrufbar

Kreuz Verlag, Stuttgart
in der Verlagsgruppe Dornier GmbH
Postfach 80 06 69, 70506 Stuttgart

www.kreuzverlag.de
www.verlagsgruppe-dornier.de

© 2005 Kreuz Verlag, Stuttgart
in der Verlagsgruppe Dornier GmbH

Alle Rechte vorbehalten
Umschlaggestaltung: P.S. Petry & Schwamb, Agentur für Marketing und Verlagsdienstleistungen, Freiburg
Umschlagbild: © Mauritius Images / Picture Arts
Satz: Rund ums Buch – Rudi Kern, Kirchheim/Teck
Druck und Bindung: Clausen & Bosse, Leck

ISBN 3-7831-2627-4
ISBN 978-3-7831-2627-3

Inhalt

Vorwort

Dies ist ein Buch des Gesprächs, des Gesprächs über die Wendezeit in der Mitte des Lebens, die für die Frau die Wechseljahre einleitet, schließlich die Menopause – und die auch für den Mann oft eine midlife-crisis mit sich bringt.

Es geht dabei um einen großen Lebensübergang, bei dem alles darauf ankommt, das neue Ufer zu erreichen, Neuland zu betreten, wo sich neue Lebensperspektiven auftun können. Diesen neuen Lebensperspektiven gilt dabei mein Hauptinteresse.

Um alles das aber, was dazu beiträgt, diesen Übergang zu wagen, ihn zu durchschreiten und schließlich gelingen zu lassen, kreisen die hier aufgezeichneten Gespräche, zu denen mich meine Gesprächspartnerinnen und -partner eingeladen und herausgefordert haben, vor allem die Theologin und langjährige Lektorin des Kreuz Verlages Hildegunde Wöller, die einige der noch nirgends veröffentlichten oder gesendeten Dialoge mit mir geführt hat, dazu aber auch die Sendeleiter und Teilnehmer der »Sternstunde Philosophie« des Schweizer Fernsehens DRS, Norbert Bischofsberger, Senta van de Wietering, Herbert Meyer sowie die bekannte und auch für Frauenfragen sehr engagierte Schweizer Politikerin Emilie Lieberherr.

Diese Dialoge und Gesprächsrunden, für die sich breite Kreise interessierten, sind in unserem Buch wiedergegeben, wobei kleine Anpassungen der ursprünglich mündlichen an die schriftliche Sprachform vorgenommen wurden.

»Die Frau im Wandel der Zeit« ist Thema des Gesprächs mit Norbert Bischofsberger, wobei es um das eigentliche Problem der Wechseljahre geht, den möglichen Verzicht auf die Attraktivität jugendlicher Weiblichkeit, zu der Menstruation und Gebärfähigkeit gehören, zugunsten einer reifen, unabhängigen Weiblichkeit, zu der eine neue Würde, Ausstrahlung, eine geistig-seelische Mütterlichkeit, auch im Sinne von Generativität gehören.

Selbstverständlich bringt Norbert Bischofsberger dabei auch die Frage nach möglichen Parallelentwicklungen beim Mann der gleichen Altersstufe ein.

Das anschließende Gespräch mit Hildegunde Wöller gibt Impulse dafür, was es heißen könnte, »sich selbst und dem Leben eine neue Richtung zu geben«, gerade auch vor dem Hintergrund, den wir beiden Frauen sehr nüchtern sehen, dass viele Frauen durch die körperlich-seelische Umbruchsphase nach den Wechseljahren in eine ernste Krise geraten.

Um »Weise Frauen« wiederum als mögliche Urbilder und Vorbilder für die Frau in der späteren Lebensphase geht es in der Gesprächsrunde mit Emilie Lieberherr, Senta van de Wietering und Herbert Meyer. »Weisheit«, neu verstanden als weiträumiges Erfahrungswissen um das Leben, wie es vielen lebensbewährten Frauen eigen ist, suchen wir da auch im Blick auf große historische Frauenpersönlichkeiten wie Hildegard von Bingen zu erschließen. Auch kommen die Gedanken eines großen alten Mannes, C.G.Jungs, hier zur Sprache, der zur Sinndeutung und Gestaltung der »zweiten Lebenshälfte« – der Begriff stammt von ihm – viel beigetragen hat, für Männer wie für Frauen.

Der ganze Facettenreichtum »gelebter Gestalten des Weiblichen«, an denen die Frau dieser Lebensphase sich orientieren kann, blitzt in dem weiteren Gespräch mit Hildegunde Wöller auf: Da gibt es die freie, naturverbundene Frau im Zeichen der Artemis, die geistig Interessierte und Schöpferische im Zeichen der Athena, die Groß-Mütterliche im Zeichen der Demeter, dazu die Magisch-Spirituelle, die man vielleicht auch mit Hekate in Verbindung bringen könnte. Aber auch die große Mediale, die den Zeitgeist erspürt und sich mit dessen Trägern und Trägerinnen geistig-erotisch verbindet, könnte auch heute noch und wieder konstelliert sein.

Wie sollten wir in diesem Zusammenhang nicht auch auf den Tod zu sprechen kommen, nach einem eigenen Verständnis des Todes fragen, das der Frau gemäßer wäre als ihn nur, wie heute üblich, als Zerstörer, der zu fürchten ist: vielleicht als »Schwester Tod«? Auch als Erweckerin könnte sie betrachtet werden, diese Bestimmung zu einem Ende, die dazu aufweckt, innerhalb der natürlichen zeitlichen Grenzen, die unserem Leben gesetzt sind, das zu verwirklichen, auf das es uns vor allem ankommt. In diesem Gespräch geht es uns darum, eine weibliche Einstellung zu dem naturgegebenen Faktum unserer Sterblichkeit zu finden, die in der zweiten Lebenshälfte ins Blickfeld rückt, als Mitbedingung unseres Eingebundenseins in einen größeren ökologischen Lebenszusammenhang, der uns auch trägt. Es erscheint unerlässlich, eine Einstellung zum Tod zu finden, die uns erlaubt, ihn nicht nur zu fürchten, sondern als Impuls zur Verwirklichung unseres Lebens zu verstehen. Ohne solche Einstellung wäre es noch schwerer, sich den Herausforderungen der zweiten Lebenshälfte zu stellen.

Im letzten Interview dieses Buches, das unter dem Goethe-Motto »Am farbigen Abglanz haben wir das Leben« steht, ermöglicht mir Hildegunde Wöller durch ihre sehr persönlich gestellten Fragen, die einzelnen Phasen, darunter auch die späteren, mit dem Stoff und den Farben meines eigenen Lebens auszufüllen und auszumalen. Um meine Gedanken zu den Wechseljahren und der Lebensphase danach in einen konkreteren Zusammenhang zu stellen, mag es sinnvoll sein, dass auch mein persönlicher background, dem sie entspringen, etwas sichtbarer wird.

Wichtig vor allem anderen ist mir dies, dass wir Frauen in die Wechseljahre und in die darauf folgende Lebensphase mit einer neuen Würde eintreten und uns verstehen als das, was wir damit geworden sind: die Frauengeneration, die Lebenserfahrung hat und von der jede Einzelne nun eine »gestandene Frau« ist.

Die Frau im Wandel der Zeit

B Norbert Bischofsberger
R Ingrid Riedel

B.: Frau Riedel, Sie sind Theologin und Psychologin. Sie unterrichten an den C.G. Jung-Instituten in Zürich und Stuttgart und als Honorarprofessorin an der Universität Frankfurt am Main. Sie sind auch Psychotherapeutin in eigener Praxis. Ist es denn so, dass eigentlich alle Menschen eine Wende erleben, so in der Mitte ihres Lebens?

R.: Ja, sie erleben eine gewisse Beunruhigung; Frauen und übrigens auch Männer werden ein bisschen unruhig, wenn sie auf die Vierzig zugehen (was einem später dann als noch sehr jung erscheint), oder gar, wenn sie auf die Fünfzig, auf die Sechzig zugehen. Also, man merkt, man hat irgendwie den Höhepunkt des Lebens, jedenfalls in physiologischer Hinsicht erreicht, bestimmte Kräfte lassen nach, und das beunruhigt. Aber das wird bewusster oder weniger bewusst wahrgenommen, es wird bei einigen sofort wieder verdrängt, und bei anderen wird es eine interessante neue Themenstellung.

B.: Wir werden ja vor allem über die Situation der Frau sprechen. Ist es denn so, dass Männer und Frauen das Gleiche erleben?

R.: Eben doch nicht. Obwohl der Mann genauso in eine hormonelle Umstellung gerät, spürt er sie viel später, was auch ein bisschen gefährlich für ihn sein kann, während die Frau spätestens Mitte Vierzig merkt, dass eine gewisse Umstellung erfolgt. Seelisch setzt sie eigentlich früher ein. Dabei hängt das auch damit zusammen, dass es für die meisten Frauen ein Thema ist, ob sie noch ein Kind haben wollen und ob sie das noch in ihr Leben hineinholen können. Deshalb kündigt sich bei der Frau diese Unruhe im allgemeinen schon ab Mitte Dreißig an.

B.: Wenn wir von der Frau im Wandel der Zeit sprechen, dann unterscheiden Sie gern drei Phasen: die Frau an der Schwelle, die Frau im Wandel und die gewandelte Frau. Ich möchte gleich beginnen mit der Frau an der Schwelle, also um die Vierzig. Welche seelischen und körperlichen Prozesse sind hier bedeutend?

R.: Auf den Hauptnenner gebracht: Sie merkt, dass sie an die Grenze ihrer physiologischen Fruchtbarkeit kommt, also ob sie noch ein Kind haben will und kann oder eher nicht, das ist eben die Frage.

B.: Wie eine erste Bilanz?

R.: Ja, eine erste Bilanz. Das schließt seelisch noch sehr viel mehr ein. Also, wir leben ja nicht nur davon, ob wir ein Kind haben oder nicht. Aber über diese Frage stellt sich relativ früh die Frage nach der Lebenswende: Was wird, wenn ich nicht nur die körperliche Fruchtbarkeit, sondern auch die dazugehörige körperliche Ausstattung, also eine gewisse jugendliche Ausstrahlung schwinden fühle? Das löst seelisch Beunruhigung, bei manchen Angst, aus. Es ist eine große Frage, wie weit man sich von dieser Form der Weiblichkeit her ganz abgeleitet hat, oder ob man auch andere Möglichkeiten kennt. Wir wissen: mit dem Beginn der Wechseljahre gibt es die Temperaturschwankungen, es gibt bei vielen damit zusammenhängend Schlafstörungen, bei manchen Herzrhythmusstörungen, aber keineswegs bei allen. Ein Drittel der Frauen hat eigentlich gar keine Beschwerden. Das muss man auch mal bekannt machen. Ein Drittel hat geringe, und ein weiteres Drittel hat starke Beschwerden beim Übergang. Und auch bei der Beantwortung, wie man damit umgehen soll, ob man sich ärztlich helfen lassen soll oder nicht, spielt es eine große Rolle, zu welcher Gruppe man gehört. Aber ich plädiere auch dafür, erst einmal anzunehmen: ich gehöre zu denen, die keine Störungen hat und haben wird. Und dann hängt vieles von der Einstellung ab, ob ich diese Ängste, diese Beunruhigung, dieses Gefühl eines bestimmten Werteverlustes aufkommen lasse, oder ob ich neugierig bin auf eine neue Phase.

B.: Diese Frage hat ja auch einen gesellschaftlichen Hintergrund. Viele Frauen sehen sich heute herausgefordert, die Erziehung von Kindern und Berufsarbeit zusammenzubringen. Hat denn die Frauenbewegung das Verhältnis zwischen Frau und Mann wirklich verändert?

R.: Ja und nein, würde ich sagen. Es ist natürlich auch die Frage, wie weit die Frau sich mit der Frauenbewegung identifiziert oder sie zumindest für wichtig hält. Verändert hat sich ganz bestimmt, und das merkt die Generation der jungen Frauen gar nicht mehr so stark, dass die Frau an Selbstbewusstsein, auch an Wissen um sich selbst gewonnen hat. Es ist auch eine neue Schwesterlichkeit unter Frauen entstanden. Aber gerade weil die jetzige, jüngere Generation schon auf den Schultern der älteren steht, es in vielen Dingen leichter hat und auch schon einen anderen Mann vorfindet, wenigstens manchmal, der bewusster geworden ist, möchte sie sich mit den heftigen Formen der Frauenbewegung nicht mehr so stark identifizieren.

B.: Ich frage mich einfach, ob das nicht auch ein bisschen eine Beschönigung ist. Also die Last trägt doch eigentlich die Frau, der Mann war ja immer schon in der Erwerbstätigkeit und er hat natürlich in der Phase zwischen 35, 45 eine hohe Belastung im Beruf, wenn Kinder da sind. Aber eigentlich muss die Frau, die gleiche Bildung, gleiche Berufsmöglichkeiten hat, jetzt Kindererziehung und Beruf unter einen Hut bringen.

R.: Ja, es ist natürlich auch die Frage, wann sie Kinder hat. Wenn sie ihre Kinder früh hatte, in ihren Zwanzigern, gehen sie jetzt aus dem Haus, was für die Frau neben einer Entlastung aber auch wieder eine Sonderbelastung bringt, weil sie ein völlig neues Selbstverständnis braucht. Auch Mann und Frau haben sich beide als Eltern verstanden, jetzt müssen sie sich neu begegnen als Ich und Du, auf einer neuen Ebene, das ist eine Krise. Das Andere: Die Frau, die etwas später Kinder kriegt – in Akademikerkreisen und in Kreisen, in denen man stark auf die Berufslaufbahn gesetzt hat, bekommt man die Kinder im allgemeinen später -, dann hat sie allerdings in der Phase, wo die physischen Kräfte nachlassen, die kleinen Kinder. Und das ist natürlich eine ungeheure Belastung für die Frau. Da ist vor allem die Frage, wie diese jeweilige Familie in der heutigen wirtschaftlichen Lage dasteht. Wir wissen ja, dass viele Fragen der Frauenbewegung zurückgedrängt wurden, weil plötzlich Not am Mann und an der Frau war.

B.: Ökonomische Zwänge

R.: Wenn nur noch ein Job da ist, kriegt ihn halt der Mann, weil die Frau ohnedies mit den Kindern belastet ist und weil sie immer noch weniger verdient für die gleiche Leistung. Also, da sind wir bei weitem nicht da angekommen, wo die Frauenbewegung hin wollte.

B.: Ist die Gleichberechtigung von Mann und Frau nicht einfach ein Luxusphänomen für höhere Gesellschaftsschichten, die sich so etwas leisten können?

R.: Wie man es nimmt. Einerseits sind die Frauen in den arbeitenden Bevölkerungsschichten, bei Bauern, bei Arbeitern usw. nie so weit ins Haus zurückgedrängt worden. Ein gewisser Respekt vor der Arbeitsleistung der Frau und dass sie selbstverständlich ist, war immer da. In der Arbeiterbewegung, auch in den Ländern, wo der Sozialismus herrschte, war die Frau stark im Beruf. Sehr stark. Ob die Frau mit den Kindern zugleich berufstätig sein kann, das hängt auch daran, ob die Gesellschaft wach genug für das Thema ist und der Frau Möglichkeiten schafft, die Kinder gut unterzubringen, z.B. in Kinderkrippen, Kindergärten, auch für die jüngeren Kinder schon. Und es hängt natürlich davon ab, ob Familien überhaupt noch Rückhalt haben, z.B. ob die Großmutter, die Großeltern, ob Freundschaftsverbände da sind. Junge Frauen halten oft zusammen, um die Kinder für Stunden abwechselnd zu betreuen und einander dann abwechselnd Freiheit zu geben.

B.: In seinem Buch »Risikogesellschaft« schreibt Ulrich Beck: »Das Hin und Her zwischen eigenem Leben und Dasein für andere mit neuem Bewusstsein zeigt die Unentschiedenheit des weiblichen Individualisierungsprozesses.« Würden Sie dieser Aussage zustimmen?

R.: Unentschieden ist der nicht, vielmehr wird eine Frau, wie ich sie mir vorstelle, den Beziehungsaspekt in ihrem Leben auch dem Berufsleben zuliebe nicht opfern und wird deshalb immer versuchen, ein Gleichgewicht zu finden zwischen Beziehung und Beruf. Und insofern wird sie immer auf zwei Füßen stehen, aber auch zwei Seiten auszubalancieren haben. Sie wird nie so eindeutig wie der Mann alles in die Berufswelt geben, es sei denn, sie opfert weitgehend ihre weiblichen Bedürfnisse.

B.: Wo gehen wir hin, gesellschaftlich? Ich weiß, das ist schwierig zu sagen. Aber werden, wenn es wirtschaftlich schwieriger wird, die Räder dann zurückgedreht – die Frau wieder an den Herd – oder sind wir in einer Phase des Übergangs, wo sich dieses Modell der Gleichberechtigung der Frau wirklich ganz durchsetzen kann?

R.: Es wird sich weiter durchsetzen, aber es ist in der Tat ein großes Problem, dass die reine Notlage, dass nicht genug Stellen da sind, wieder ideologisiert wird, dass gesagt wird: »Haben wir es doch schon immer gesagt! Die Frau gehört eigentlich in die Familie, an den Herd.«

B.: Das wäre ein ganz böses Argument…

R ... so wie die konservativen Parteien in Deutschland das auch immer beibehalten haben. Und jetzt möchte man sozusagen aus der Not eine Tugend machen. Aber ich glaube, da kommt man nun an der Frau nicht mehr vorbei, die nicht mehr die gleiche ist wie vor der Frauenbewegung. Auch wenn die jetzige Generation nicht mit Emanzen verwechselt werden möchte, genau wie meine Generation früher auf die Blaustrümpfe in England, die das Frauenwahlrecht erkämpft haben, mit einem Lächeln geblickt hat: »Ach, diese verrückten Weiber«, und jetzt lächeln die Jüngeren über diejenigen meiner Generation, die scheinbar so ins Extrem geraten sind, und wollen natürlich nicht mit denen in einen Topf geworfen werden. Vor allem schauen sie auch wieder darauf, ob der Mann sie auch noch mag, wenn sie so sind. Eine sehr kluge Frau, das zeigt sich auch bei » Harry Potter«, die kleine Hermine, kann so blitzgescheit sein, dass sie von den beiden Freunden gelegentlich fast gefürchtet wird.

B.: Sie sprechen manchmal von der »verschriebenen Identität« der Frau.

R.: Wir nennen das so in der Psychologie. Vor allem Verena Kast hat darüber gearbeitet: Die Frau – noch vor der Frauenbewegung auf jeden Fall – wurde in diesem Sinne erzogen: »Sieh, dass du einem Mann gerecht wirst und sieh vor allem, dass du einen Mann bekommst.« Und daran hing für ihren Selbstwert unglaublich viel, und selbst wenn sie wusste, was in ihr steckt, wurde das vielfach zurückgedrängt um der Anpassung an das Auge des Mannes willen. Das ist ein Problem für die Frau, und da spielt auch die Erziehung in der Kindheit und in der Adoleszenz eine große Rolle, ob sie auch Seiten an sich entwickelt, die jetzt nicht gleich in das Licht gehalten werden können, um dem Mann zu gefallen. Und viele Frauen stellen heute noch ihr Können, ihr Wissen, ihre geistigen Fähigkeiten unter den Scheffel, nur um nicht raus zu fallen aus dem Beziehungsgeschehen zwischen Mann und Frau.

B.: Das wäre eben diese abgeleitete Identität, die jetzt brüchig geworden ist?

R.: Die brüchig wird und die – da kann man einen kleinen Sprung machen – in der zweiten Lebenshälfte jenseits der Wechseljahre neu in Frage gestellt wird. Jetzt geht es um die Frage, ob da noch eine andere Identität der Frau denkbar ist, die sich von etwas Anderem ableitet als allein vom Mann. Wobei die Frau den Bezug zum Mann nicht verlieren möchte. Aber nicht um den Preis einer Überanpassung und einer Selbstverleugnung.

B.: Bevor wir weitergehen, muss ich wissen, ob Männer auch »Wechseljahre« erleben.

R.: Aber ja, und wie. Schon ehe in der öffentlichen Debatte die Wechseljahre der Frau, die ja lange Tabu waren, ins Gespräch kamen, sprach man über die midlife crisis des Mannes. Der Mann, der natürlich auch die veränderte, die fortgeschrittene Lebensphase spürt, in der er noch vieles hereinholen möchte, der vielfach, wenn er in einer längeren Beziehung gestanden hat, diese Beziehung auch irgendwie ausgeschritten hat, gerät in die Krise. Wenn er Vater war, haben er und seine Frau sich ja häufig gegenseitig als »Vater« und »Mutter« angeredet. Die sexuelle Spannung hat nachgelassen auf Grund einer gewissen Verschwisterung bzw. »Verelterung« dieser beiden, und jetzt beim Spüren, dass das Leben nur eine bestimmte Spanne hat, stellt sich eine Verunsicherung ein, auch in der bisherigen Beziehung. Das ist es ja, was die Lebenswende hervor treibt, nicht nur das Hormonelle, sondern das Wissen: Ich habe die Hälfte durchschritten, die gute Hälfte, der Horizont ist beschränkt – und es stellt sich die Frage: Was hat mir meine bisherige Beziehung gegeben, was hat sie mir nicht gegeben? Bin ich auf freier Wildbahn eigentlich noch attraktiv, werde ich eigentlich noch so, wie ich jetzt bin, geschätzt? Ich bin auch ein Anderer geworden, ein Reiferer – das hat meine Frau vielleicht nicht ganz mitgekriegt, die mich immer kritisiert und allzu gut kennt. Ja, und jetzt kommt die Krise. Das heißt nicht, dass jeder dann eine andere, eine neue Beziehung sucht, aber es ist eine Wertkrise, wie sie es auch bei der Frau ist. Und etwas später spürt der Mann auch die nachlassenden physischen Kräfte und er spürt auch eine hormonelle Umstellung. Das ist etwas sehr Interessantes: Der Mann hat im späteren Leben etwas weniger männliches Hormone und mehr weibliche Anteile, die Frau hat in der zweiten Lebenshälfte etwas mehr männliche Anteile. Das macht den Mann eigentlich beziehungsbedürftiger – die Frage ist nur, ob auch beziehungsfähiger. Der bewusste Mann wird sich auch bemühen, beziehungsfähiger zu werden. Wichtig finde ich, dass die Frau das weiß, dass sie nicht sagt: So, jetzt hab ich ihn in der Tasche. Wenn es bisher nur ein Machtkampf war, kann sie ihn jetzt ganz schön in die Ecke spielen, weil sie auf Grund ihrer ganzen körperlichen Entwicklung auch freier wird – der Monatszyklus fällt aus und damit so manche kleine Behinderung im Alltag, die Schwangerschaft fällt aus – sie kann ganz in ihre Selbstverwirklichung gehen und ihn in die Ecke drängen.

B.: Sie würden mehr für ein neues Zusammenspiel plädieren?

R.: An vielen Stellen stellt sich heraus: Wir haben in der Jugend falsch gewählt, und es ist dann auch sinnvoll, vor allem wenn man die Kinder noch gut durch die Jugend gebracht hat, zu sagen: Gut, es war eine Lebensphasenpartnerschaft. Das ist in vielen Fällen sinnvoll. Es ist aber auch möglich, sozusagen sich neu auf einander zu beziehen und neu aneinander zu entwickeln.

B.: Also, wie ein Mobile, das immer wieder neu austariert werden muss.

R.: Ja, nach meiner Erfahrung ist da eine große Chance drin, denn gerade der ältere Mann, der Sechzigjährige, der Siebzigjährige, ist oft stark gefühlsbezogen. Und die Frau verspielt eine Chance – also ich spreche jetzt mal für uns Frauen -, wenn sie da oft über einen Machtkampf das Bedürfnis nach Bezogenheit verspielt. Es kann aber für die Frau auch sinnvoll sein, einen neuen Partner zu finden. Es ist jedenfalls eine ausgesprochene Krisensituation, diese Lebensmitte, weil man Bilanz macht. Wenn man so stark spürt, was vielleicht bisher nicht drin war, noch in keiner Beziehung, dann bricht man neu auf.

B.: Es war jetzt immer wieder von dieser Lebenswende die Rede. Ich möchte darauf ganz kurz eingehen, diesen Begriff hat der Schweizer Psychologe Carl Gustav Jung geprägt. Was hat er damit gemeint?

R.: Er hat genau das gemeint, dass wir in der Mitte des Lebens merken, dass das Leben nicht unbegrenzt ist. Rein physisch haben wir den Höhepunkt und damit auch den Wendepunkt erreicht: Jetzt ist es, als ob die Sonne sinke, sagt er selber in einem Bild. Wobei er betont, die Sonne sinke zwar, aber sie werde dabei auch immer leuchtender, sie erleuchtet schließlich sich selbst, wie man es bei einem schönen Sonnenuntergang sieht. Der Vergleich hinkt natürlich, aber nicht mehr als andere Vergleiche auch. Jung meint, man sei an dieser Schwelle gefragt, was jetzt bei der schwindenden Kraft, sich in der Außenwelt zu verwirklichen, noch in einem steckt. Es geht also um eine Zuwendung zu dem, was ich eigentlich bin, jenseits bisher gelebter Geschlechterrolle, bisher gelebter Berufsrolle. Gerade im Berufsleben wird es für viele ab Fünfzig geradezu tragisch. Daran habe ich viele Männer in den Fünfzigern leiden sehen und in der therapeutischen Behandlung versucht, sie auf diese andere Seite in sich selbst, die ja bisher kaum leben durfte, aufmerksam zu machen.

B.: Jung sagt, es gibt eigentlich zwei mögliche Reaktionen. Das ist die Öffnung auf das Neue hin oder die Verhärtung. Wie erleben Sie das in ihrer Praxis?

R.: Das ist wie eine Schere: Die einen entdecken die neue Freiheit für sich selbst. Also, am schärfsten gesagt: Wer bin ich, wenn ich nichts mehr bin nach Außen? Dann bin ich doch noch der oder die, der oder die ich im Kern bin. Und es erwacht ja auch oft eine größere Freiheit zu sich selbst in der zweiten Lebenshälfte. Ja, das ist das Eine. Und es beginnt ein Fragen nach mir selbst. Oft wenden sich Menschen in der Zeit tatsächlich auch ihren inneren Erfahrungen mehr zu. In die therapeutische Behandlung kommen Menschen wirklich sehr häufig in der Lebenswende– auch Männer –, die sagen: Jetzt möchte ich dem auf die Spur kommen, was ich eigentlich bin. Ich habe so viele Rollen gespielt, ich habe so viel mir selber und anderen vorgemacht und ich möchte auf mein Eigentliches kommen. Und da haben wir natürlich in der Praxis die Möglichkeit, nach unseren Träumen zu fragen, nach unseren tieferen Phantasien und nun wirklich das hereinzuholen in das Leben, was bisher nicht drin vorkam, das ungelebte Leben. Wenn jemand mit Vierzig kommt, kann er oder sie noch eine ganze Menge des bisher ungelebten Lebens leben. Und zwar gibt es das in doppelter Hinsicht: Der Eine hat sich nach außen sehr verausgabt und sucht jetzt nach innen. Es gibt andere Menschen, die waren durch ihren Beruf eingeengt, oder Frauen, die wirklich an Haus und Herd und Kinder gebannt waren, die wollen jetzt heraus, die haben jetzt ja auch etwas mehr aktive, männliche Anteile, und sehr viele Frauen gehen neu in den Beruf.

B.: Und was ist mit der Verhärtung?

R.: Die Verhärtung beruht auf der Angst, dass ich das nicht mehr hereinholen kann, was ich mir eigentlich gewünscht habe, so dass ich festzuhalten beginne, statt mich in den Wandel zu begeben. Kurz gesagt, dahinter steht der ganze Jugendkult, den übrigens Jung schon gegeißelt hat. Er sagt, es sei damit, wie wenn ein junger Mensch seine Kindheit nicht loslassen könne, genauso kindisch sei es, wenn ein älterer Mensch seine Jugend nicht loslassen kann. Er kommt nämlich dann nicht in die neue Phase und sieht den Reichtum der neuen Phase nicht. Die Verhärtung ist, dass man sich festklammert an dem, was sich unweigerlich immer mehr entzieht mit allem, was dazugehört. Man klammert sich an bestimmten Stellen fest, man klammert sich an seinem Aussehen fest – dazu gehört der ganze wahnsinnige Kult der Schönheitschirurgie heute oder der Kosmetika, für den ein Vermögen ausgegeben wird. Dabei verliere ich ja den Kontakt zu dem Gesicht, das ich jetzt habe. Es gab auch mal das schöne Wort: »Ab Vierzig bin ich für mein Gesicht verantwortlich.« Vorher war es Natur, jetzt wird es Charakter oder Einstellung. Sie können aus einem recht lustigen Gesicht, mit lustiger Nase und komischem Mund, wenn Sie innen lebendig sind, etwas sehr Liebenswertes machen. Aber noch mehr: Die innere Verhärtung beginnt damit, dass man bisherige Überzeugungen festschreibt, festzuhalten sucht, dass man autoritär wird, als Vorgesetzter, als Vater, Mutter oder als einfacher Mensch, der einfach an seinen Überzeugungen festhält. Man verbeißt sich. Und das wird natürlich im späteren Alter schwierig. Dann gibt es eben keine Weisheit, sondern dann gibt es autoritäre Rechthaberei und Unlebendigkeit. Man altert eigentlich dadurch ganz früh, weil man die Weiterentwicklung abschneidet.

B.: Wir sprechen von einem Artikel von Carl Gustav Jung mit dem Titel »Die Lebenswende« aus dem Jahr 1930, ich habe dort ein etwas seltsames Zitat gefunden: »Der Mann verbraucht seinen großen Vorrat an männlicher Substanz und hat nur noch einen kleineren Betrag an weiblicher Substanz übrig, der nunmehr zur Verwendung gelangt. Umgekehrt die Frau, die ihren bisher unbenutzten Bestand an Männlichkeit in Tätigkeit treten lässt.« Können Sie mir da ein bisschen weiterhelfen?

R.: Also, ein paar Mal waren wir ja schon mal in der Nähe dieser Auffassung. Da sagt Jung auch wieder: Das sei ein Vergleich, der natürlich irgendwie hinkt, aber auch anschaulich ist. Ich habe es vorhin mit der realen hormonellen Situation verglichen: dass sich tatsächlich in der Lebensmitte – bei Mann wie Frau – etwas umbaut. Und der Mann gewinnt tatsächlich Seiten, wie ich vorhin bereits sagte, die beziehungsbedürftiger werden, er bekommt einen neuen Kontakt zum Gefühl. Viele Männer beginnen auch, sich spirituell zu interessieren, was sie vorher gar nicht getan haben. Frauen wiederum gehen stark ins Aktive, gehen noch einmal in den Beruf, beginnen einen neuen Beruf, beginnen schärfer und grundsätzlicher nachzudenken als bisher, und, so sagt Jung dann auch ein paar Zeilen weiter: Das wird ein schönes Durcheinander geben, wenn die Frau ihren Verstand und der Mann sein Gefühl entdeckt.

B.: Ja, ich hab es hier: »Sehr häufig sind diese Verwandlungen begleitet von Ehekatastrophen aller Art, denn es ist nicht allzu schwer sich vorzustellen, was es dann gibt, wenn der Mann seine zarten Gefühle und die Frau ihren Verstand entdeckt.« Aber das war jetzt meine Frage, ob solche Zuteilungen haltbar sind.

R.: Es ist was dran, weil Jung das wirklich auch aus der physiologischen Entwicklung abgeleitet hat.

B.: Sie sprechen jetzt dieses Konzept von Animus und Anima an. Dass der Mann auch gegengeschlechtliche Anteile habe.

R.: Zunächst geht es um die hormonelle Umstellung, die tatsächlich existiert. Die ist auch beim Mann nachgewiesen, wenn sie auch später spürbar wird. Sie existiert einfach und auf ihr beruht es. Jung hat aus dem, dass wir aus männlichen und weiblichen Hormonen bestehen, auch eine seelische Entsprechung abgeleitet und vorgefunden, dass wir alle auch eine persönliche Mischung, eine persönliche Gleichung aus männlichen und weiblichen Elementen sind.

B.: Das wäre die Anima beim Mann und der Animus bei der Frau.

R.: Ja, wobei man das auch noch subtiler sehen kann. Das hat Verena Kast auch herausgearbeitet, dass auch die Frau mit ihrer Weiblichkeit Probleme hat und ihr ganzes Leben lang auch irgendwie danach sucht, dass also auch die Frau ihre Anima sucht wie auch der Mann seine Männlichkeit ein Leben lang immer wieder sucht und wandelt, also dass er auch Animusanteile sucht und hat, aber was Jung vor allem herausgearbeitet hat, ist dieses, dass hinter unserer Beziehungssuche, vor allem auch unserer Beziehungsfindung innere Bilder von

Mann und Frau stehen, die wir in unserer Psyche schon tragen und die einerseits eine enorme Anziehung auslösen, wenn einer auch nur annähernd ihnen gleicht, und die andererseits eine Riesengefahr bilden, weil wir das oft ein halbes Leben lang auf den anderen spiegeln: Der soll jetzt so werden, wie mein Bild!

B.: Also, ich würde meine Anima, wenn ich mich zum Beispiel verliebe, projizieren auf eine Frau und möglicherweise diese reale Frau verwechseln mit diesen inneren Bildern, die ich in mir trage.

R.: Genau, und daraus kommen dann entscheidende Krisen, die häufig, gerade auch in der Lebenswende, um 40, 50 herum, hochaktuell werden, wenn man endgültig sieht und merkt: Man kriegt es einfach nicht hin, was das innere Bild will, und die oder der, auf den man immer projiziert hat, wehrt sich wie verrückt dagegen. Erst wenn dieses Projizieren ein Stück weit zurückgenommen ist, kann man einander wirklich begegnen. Das ist das Eine. Auf der anderen Seite beruht natürlich auch die ganze Begeisterung füreinander auf diesen Projektionen. Und im Grunde darf man da nicht nur von Illusionen sprechen, sondern in der Liebe und in der starken Verliebtheit ahnt man auch etwas vom innersten Kern des Anderen und kann ihn auch herauslieben. Und insofern sind diese mächtigen, inneren Gestalten immer wieder auch das, was einen endgültigen Bruch zwischen Mann und Frau vermeidet. Aber in einer reifen Beziehung muss man lernen, das aneinander unterscheiden zu können.

B.: Wir haben jetzt diese Vorschläge von Jung gewürdigt, es gibt aber auch starke Kritik an ihm, einerseits zum Beispiel das ambivalente Verhältnis zum National-

sozialismus, andererseits haben verschiedene Frauen dieses Konzept der Zuteilung in Animus und Anima stark kritisiert und ergänzt.

R.: Ich habe vorhin schon ein Beispiel gebracht, wie man das ergänzen kann.

B.: Wo liegt denn das Problem bei diesem Vorschlag? Auf Anhieb schaut das ja sehr positiv aus.

R.: Ja, wo liegt das Problem? Vor allem darin, dass oft verwechselt wird, was Jung über den unbewussten Umgang mit diesen inneren Bildern sagt, mit dem, was er wirklich über das andere Geschlecht sagt.

B.: Dass zum Beispiel der Verstand oder das Gefühl einem der Geschlechter zugeteilt werden...

R.: Nein, nicht nur dies. Vielmehr, so Jung: So lange die Frau ihres Animus nicht bewusst ist, wird er sich auch in einem sehr undifferenzierten Verhalten dem Geistigen gegenüber auswirken. Also, dass eine Frau, obwohl sie die Sache nur halb verstanden hat, umso rechthaberischer damit umgeht. Und das wäre auch eine Seite ihres inneren Animus. Damit hat man oft die geistige Tätigkeit der Frau abqualifiziert und verdächtigt.

B.: Heruntergespielt

R.: Ja. Und ähnlich bei dem, was Jung andererseits über die unbewusste Anima des Mannes gesagt hat. Das heißt eben auch nicht, dass er das über die Frau sagt, sondern über die Art des Mannes, mit der Frau umzugehen, solange er nicht weiß, dass er selber unbewusste weibliche Anteile hat, zum Beispiel, wenn der

Mann launisch ist, wenn er mit seinem Gefühl im Grunde überhaupt nicht umgehen kann, dann wird er so, wie hysterische Frauen sind. Dabei sind nun bei Weitem nicht alle Frauen hysterisch. Und das wurde vielfach verwechselt, mit Aussagen über die beiden Geschlechter als solche verwechselt, auch auf Grund dessen, dass Jungs Werk in manchem auch noch etwas unsystematisch ist – der Mann hat eben geforscht und nicht primär systematisiert, vieles auch einfach so hingeschrieben – diese Verwechslung hat viel Ungutes gebracht, vor allem die geistig interessierte Frau wurde lange verdächtigt, sie wäre »animushaft«, sie spiele praktisch den Mann und könne es doch nicht. Und der Mann wiederum spiele weiblich und könne es ebenso wenig. Jedenfalls: Aussagen Jungs, die über das gemacht wurden, was passiert, wenn Animus oder Anima unbewusst sind, wurden als Aussagen über das jeweils andere Geschlecht genommen. Jung hat das ja auch in viele verschiedene Facetten aufgegliedert. Die Frau ist keineswegs ein einheitliches Wesen. Es gibt diese Hintergrundsbilder des Weiblichen auch zum Beispiel bei den alten Vorstellungen von weiblichen Gottheiten. Da gibt es einerseits die Demeter, die Mutter, andererseits gibt es die Artemis, die freie Jägerin, die mit der Natur verbunden ist und eigentlich allein bleibt und den Mann allenfalls als Kameraden nimmt, oder es gibt die Athena, die der Frau eine ruhige, geistige Klarheit verleiht, und es gibt die Heldin, die Kämpferin, und es gibt die Dulderin, und all das will aufgefächert werden.

B.: Wir haben jetzt von der Lebenswende gesprochen, von der Frau an der Schwelle, auch schon von der Frau im Wandel. Was geschieht körperlich bei der Frau im Wandel, also zwischen 35 und 40 ist die Menopause of-

fenbar ganz entscheidend in der körperlichen Entwicklung. Was geht hier seelisch parallel?

R:: Erstmal noch, um das ein bisschen zu korrigieren: Die Menopause kommt ja nicht sofort. Sondern es gibt eine Entwicklung dahin, und während dieser Entwicklung sind eben vor allem auch die leisen Ungleichgewichte im Körper zu spüren. Also, Hitze-/ Kältewechsel und manchmal Rhythmusstörungen des Herzens; beides wirkt sich dann auch auf den Schlaf aus, und das Ganze kann Stimmungsschwankungen bringen. Und mit der Menopause kann das abklingen, geht dann bei manchen aber noch über ein paar Jahre, das ist individuell auch verschieden, aber im Allgemeinen spielt es sich zwischen Ende 40 und Mitte 50 ab. Und jetzt war Ihre Frage, was sich seelisch abspielt. Also, einerseits: Ganz viel hängt an der Einstellung der einzelnen Frau zu dem Ganzen. Wenn ich mit einer gewissen Neugier denke: Das Leben muss sich ja etwas dabei gedacht haben. Vielleicht will es mir ja nicht nur etwas nehmen, sondern auch etwas geben. Es befreit mich auch von diesem Eingebundensein in den Monatswechsel / Monatsrhythmus, von den ganzen Umstellungen, Einstellungen auf Schwangerschaften und so weiter. Es könnte auch eine Freiheit geben. Wenn ich dies mit einer gewissen Neugier bedenke, so werde ich keine Angst vor diesem natürlichen Geschehen aufbauen.

B.: Und was könnte sich die Natur da überlegt haben?

R.: Ich denke, in den frühen Phasen, wo es sehr stark um die Ökonomie ging, hat sich die Natur überlegt, es muss eine Großelterngeneration geben, die gesund ist, die noch da ist für die Frau und Mutter, die mit ihren Kindern stark im Lebenskampf steht, und damals war das ja alles noch viel schwieriger, überhaupt das Überleben jeweils zu meistern. Das, denke ich, war der evolutionäre Ursinn. Heute ist auch noch etwas davon da, aber heute ist es vor allem auch die Freistellung der Frau zum Eigenen: dass ich mich nicht nur als Geschlechtswesen in diesem elementaren Sinn verstehe. Sondern ich kann, was Weiblichkeit heißt, auch in einem umfassenderen und tieferen Sinn leben. Ich werde tatsächlich von der Natur auch für etwas freigestellt. Und da ist auch wieder die Schere: Die Frauen, die es nur vom Verlust her sehen, die sagen: Ich werde an Attraktivität verlieren, erstens für mich selbst, aber auch für den Mann, ich werde nicht mehr begehrenswert sein, ich werde allein sein, ich werde schwächer werden – die stehen natürlich seelisch unter einem enormen Druck, auch einer Art Torschlusspanik. Und man darf auch nicht herunterspielen, dass die Frau etwas verliert – einfach an Jugendlichkeit. Sie gewinnt aber auch etwas. Sie gewinnt erstens dieses Eigene, was nicht nur biologisch und auf diese biologische Weibchen- und Frauenrolle zu beziehen ist. Sie gewinnt eine Weiblichkeit, die umfassender ist.

B.: Warum ist die Menopause in der Öffentlichkeit – Sie haben es ein bisschen angesprochen – immer noch recht tabuisiert? Es ist wenig davon die Rede. Ich kenne Frauen, die lange Zeit brauchten, bis sie gemerkt haben und auch von ärztlicher Seite darauf hingewiesen wurden, dass sie davon betroffen sind.

R.: Das hängt mit der öffentlichen Einstellung dazu zusammen, dass die Frau nicht altern soll. Das ist ja immer noch die breite Einstellung. Und das Schlimme, das Schlimmste ist, dass die Frauen das selber übernehmen. Niemand möchte in der Menopause sein. Dabei ist man es eben in dem Alter. Und da hat die Kultur der Schwesterlichkeit, die die Frauenbewegung brachte, einiges erlöst. Also, dass darüber geschrieben wird, dass darüber gesprochen wird, dass man auch einander wirklich beisteht, einfach verstehend und neue Vorstellungen entwickelnd. Ich meine, die Frau leidet darunter, dass es eben tatsächlich in der Öffentlichkeit sehr stark diesen Jugendkult gibt, und wenn sie ihn total verinnerlicht, dann fühlt sie sich während der Wechseljahre von einem Wertverlust bedroht.

B.: Ist das denn ein Überbleibsel dieser alten Zuordnung Frau/Körperlichkeit, Mann/Geistigkeit?

R.: Ganz genau. Und je stärker – da haben wir wieder die »verschriebene Identität« – je stärker sich die Frau einfach nur als möglichst attraktive Partnerin in den Augen des Mannes betrachtet und auch den Mann nur so sieht, dass er vor allem diesen Blick auf die Attraktivität ihrer Körperlichkeit hätte, solange kommt sie da nicht raus.

B.: Sie sprechen die Geschwisterlichkeit an, Sie schlagen auch einen Übergang, fast ein Ritual vor für diese Menopause. Wie könnte das ungefähr ausschauen?

R.: Das ist etwas, das in der Frauenbewegung in bestimmten Frauengruppen angeregt wurde, dass man also ein Übergangsfest plant, das die Frau, wie das in alten Kulturen so war, in eine neue Würde einsetzt. Dass Frauen vor allem darüber sprechen, dass sie es miteinander teilen und dass sie einander helfen, dieses neue Verständnis dafür zu bekommen. In alten Kulturen, in Afrika hat man das noch, aber auch in manchen alten Kulturen in Asien bekommt die Frau ein neues Gewand in einer Feier überreicht, also sie bekennt sich auch dazu: Ich bin jetzt eine Frau in der zweiten Lebensphase. Damit bekommt sie aber auch eine Würde: als die lebenserfahrene Frau, als die auch geistig-seelisch mütterliche Frau, die die Traditionen weiß und verwaltet und die Geschichte des Volkes, des Stammes kennt, die die Märchen, die Mythen, die Weisheitstraditionen weitergibt. Wir betonen vor allem den Verlust, und damit geht uns dann auch seelisch etwas verloren, es geht uns entsprechend schlecht. Aber die Frauenbewegung hat da auch einen Durchbruch gebracht, sodass wir heute auch einiges an Literatur über die Wechseljahre haben und Frauen, die dazu stehen, dass sie eine neue Würde haben.

B.: Ich möchte gerne »Die gewandelte Frau« ansprechen. Sie sagen, sie sei so um die 60 Jahre und älter. Was ist denn typisch für das späte Erwachsenenalter?

R.: Zunächst mal ist halt immer die Frage, wie bewusst man ist. Man kann jetzt dieser Schere, von der wir vorhin gesprochen haben, schon erlegen und recht verhärtet sein und sich auch vorschnell schon als alt fühlen und gebärden. Es gibt aber in der Tat auch eine Erfahrung von Wandlung im Leben. Da hat man doch vielfach die Erfahrung gemacht, dass man bei etwas hätte umkommen können, es aber doch überlebt hat. Man ist auch enttäuschungserfahren, verlusterfahren, viele haben schon Todesfälle erlebt, man ist auch hineingewachsen in das Wissen, dass die Lebenszeit begrenzt ist. Es ist natürlich unterschiedlich, wie das gelebt wird: Die einen sagen, mein Leben kann und darf jetzt ganz substanziell werden, ich gewinne eine neue Freiheit. Ich habe vieles hinter mir gelassen, auch Berufsrollen, auch Ansprüche usw. und komme in eine Gelassenheit hinein – im besten Fall in eine heitere Gelassenheit.

B.: Wäre das so etwas wie Altersweisheit? Ich meine, Weisheit, das klingt immer so ein bisschen verstaubt, aber das würde dann einen anderen Klang bekommen.

R.: Ein Erfahrungswissen. Man hat einfach auch vieles durchgestanden. Und wenn man ein Ja dazu findet, gibt es eine herrliche Freiheit. Bis hin zur Narrenfreiheit oder wie Bertolt Brecht es so wunderbar beschrieben hat in seiner Erzählung von der »unwürdigen Greisin«, die sich so vieles zu tun traut, was sie sich ihr Leben lang nicht getraut hat und jetzt einfach sie selbst ist.

B.: Wir sprechen jetzt sehr positiv über diese Phase.

R.: Ja, ich bin auch noch nicht fertig.

B.: Viele Menschen erleben das ganz anders. Ein italienische Philosoph hat gesagt: Wer das Alter preist, hat ihm noch nicht ins Gesicht gesehen.

R.: Da ist auch ein Unterschied zwischen den so genannten jungen Alten heute, die Sechzigjährigen bis Siebzigjährigen und auch noch denen in die Siebzig hinein, und den wirklich Alten, den Menschen im hohen Alter. Dass das Alter bedeutet, dass man hinnehmen lernt, also wirklich Verluste auch an Vitalität, an Gesundheit, vielfach auch an geistigen Kräften, das wäre einerseits ein Grund zur Resignation, aber unter Umständen, wenn man das verarbeitet, kann ein Mensch dabei herauskommen, der Loslassen lernt und von daher eine große innere Freiheit gewinnt. Die Anderen treiben in eine Resignation und verbittern. Man hat aber festgestellt, wenn ich das noch sagen darf, in einer Altersstudie – in Berlin immerhin, wo es sehr viel alte Menschen gibt und auch durchaus wirtschaftlich nicht so gut dastehende alte Menschen – dass ein erstaunlich hoher Prozentsatz nicht depressiv ist, nicht verbittert ist. Ich schiebe es darauf, jetzt auch wirklich tiefer gesehen: dass man mit der verkürzten Lebenszeit, die man noch hat, auch Ballast abwirft und sagt: Wann, wenn nicht jetzt lebe ich? Wann kann ich mal einen schönen Herbsttag voll genießen – ich habe sogar Zeit da herumzuwandern – wann, wenn nicht jetzt? Depression lohnt nicht mehr. Denn in der Depression steckt auch oft ein Trotz gegen das Leben. Man meint damit auch, noch etwas erzwingen zu können.

B.: Ich spüre das bei manchen schönen, alten Menschen: eine gewisse Milde oder einen versöhnlichen Umgang mit der nächsten Generation.

Sie sagen gerne, dass sich in dieser Zeit auch die Spiritualität zeigt in der Tiefe des Menschen, aber Menschen sind doch nicht erst im Alter spirituell.

R.: Das meine ich ja auch nicht. Sondern ich nenne es nur als eine besondere Chance, wenn man mich nach dem Alter fragt. Menschen sind als Kinder oft tief spirituell, indem sie staunen und Dinge wahrnehmen, die hinter der Oberfläche der Welt sind, haben auch ganz tiefes Vertrauen und einen tiefen Glauben auf ihre Art. Jugendliche in der Pubertät und in der Adoleszenz sind spirituell, viele, indem sie nach dem Sinn ihres Lebens suchen, nicht alle sind es, aber viele.

B.: Diese Religiosität wandelt sich dann auch?

R.: Die wandelt sich in der mittleren Phase des Lebens, wo man sehr stark an die Realität sich anpassen muss und die Realität auch bewältigt, da tritt sie bei manchen etwas zurück. Auch da gibt es viele Leute, die stattdessen ein starkes soziales Engagement eingehen, das sie auch religiös begründen, aber das Spirituelle kehrt meistens erst wieder in der Lebenswende, wo man eben fragt: Was ist denn nun eigentlich der Hintergrund des Lebens? Was ist der Sinn? Denn man spürt, es geht nicht ewig weiter. Und ich empfinde ja die Grenze des Lebens auch als einen großen Erwecker, ich empfinde den Tod auch als einen Aufwecker.

Dieses Gespräch mit Ingrid Riedel entstand im Rahmen der Sendung »Sternstunde Philosophie« im Schweizer Fernsehen DRS und wurde unter dem Titel »Die Frau im Wandel der Zeit« am Sonntag, 26. September 2004 ausgestrahlt.

Sich selbst und dem Leben eine neue Richtung geben

R: Ingrid Riedel
W: Hildegunde Wöller

W.: Es gibt jüngere Frauen, die deswegen so viel Angst bekommen vor den Wechseljahren, weil sie bei älteren Frauen in ihrer Familie so schwere Störungen erlebt haben. Körperliche, aber dann vor allem auch psychische Störungen, bis hin zu Suizid und schweren Depressionen. Und das erweckt natürlich eine negative Erwartungsspannung vor dieser Phase.

R.: Für mich ist es schon viel, wenn überhaupt von der älteren Generation über die Wechseljahre gesprochen wird, in welchem Sinne auch immer. Die Information war ja über lange Zeit so blockiert gewesen dadurch, dass niemand in den Wechseljahren sein wollte und dass das ganze Thema überhaupt tabuisiert war, dass also viel zu wenig darüber gesprochen wurde, und so wurde natürlich, wenn gesprochen wurde, nur bei wirklich sehr schweren Störungen einmal das ganze Thema erwähnt. Wenn man schwere Störungen hat, sollte man nicht die heutigen Möglichkeiten verschmähen, auch zu einer Hormonsubstitution zu greifen, wenigstens für eine gewisse Zeit, denn ob die Gefahren, die damit verbunden sind, größer sind als die Gefahren und Störungen, die jetzt auftreten, das müsste sich erst noch herausstellen. Ich habe nur eine kritische Einstellung dazu, dass man – wie es manche tun – grundsätzlich, noch ehe man überhaupt merkt, ob man zu dem kleinen Teil von Frauen gehört, die Störungen haben, wenn man da sich schon mit Medikamenten voll stopft und mit Hormonen, die eventuell später Schaden anrichten. Aber ich finde vor allem, dass die Frauen, die wenig Störungen haben, nicht denen dreinreden sollen, die schwere haben und ihnen eine Behandlungsmöglichkeit madig machen, die vielleicht für diese Frauen doch sehr wichtig ist.

W.: Gerade was das angeht, habe ich in den letzten Jahren geradezu eine ideologisch geführte Diskussion unter Frauen gehört. Die Einen sagen, alles, was die Wechseljahre bringen, sei doch gesund und normal, nur bitte gesunde Ernährung und Bewegung – aber es wäre ganz falsch, Hormone zunehmen, und die Anderen sagen: Ja, du musst Hormone nehmen wegen der Osteoporose. Ich habe nie gehört, was denn nun ein goldener Mittelwert wäre.

R: Ja, und genau den möchte ich ja vorschlagen. Also erstens, dass man die Hormongaben gut dosiert nimmt. Da muss man einfach heraushören, wo verantwortliche Ärzte – Ärztinnen vor allem – sind, Frauenärztinnen, aber auch -ärzte, und wie gesagt, es sollten nicht diejenigen, die ohne weiteres mit einigen natürlichen Medikamenten – da gehören zum Beispiel sojahaltige dazu – durchkommen, die sollten nicht denen, die wirklich bis zu Herzrhythmusstörungen und entsprechenden Beeinträchtigungen im Beruf usw. gestört sind, das madig machen, was man sich als Hilfe holen kann.

W.: Was spielt sich in dieser Zeit eigentlich in der Psyche der Frau ab, d.h. was wäre als eine gesunde und normale Reaktion zu verstehen und was wäre dann eine pathologische?

R.: Manche haben das Gefühl, mit den Wechseljahren wäre der Höhepunkt des Lebens überschritten, und es könne jetzt nur noch abwärts gehen. Da stellt sich häufig auch eine unterschwellige Depression mit ein. Und das ist eigentlich das Schwierigste, dass man keine Sinndeutung hat für die Wechseljahre. Dass man sie weitgehend nur negativ versteht, obwohl ein Drittel der Frauen überhaupt keine Beschwerden zu erwarten hat, und das ist natürlich dann sehr ungeschickt, wenn man sich diese kostbaren Jahre blockiert, weil man Wunder welche Ängste und Probleme aufbaut.

Psychisch wirkt auf jeden Fall für alle dies ein, dass sie merken, sie sind mit einem Lebensübergang konfrontiert, der eben auch fühlbar macht, dass das Leben überhaupt eine begrenzte Spanne hat. Das kann bei den Einen oder Anderen eine Art Panik auslösen. Das hängt auch damit zusammen, wieweit eine Frau stark vom Kinderwunsch bestimmt ist, und ob sie Kinder hatte. Aber selbst bei Frauen, die Kinder haben, taucht oft der Gedanke auf, und das ist auch bedrückend, dass sie nun kein weiteres mehr bekommen können. Noch schwieriger ist es natürlich für Frauen, die trotz starkem Kinderwunsch einfach durch die Lebensumstände oder auch durch ihre körperliche Verfassung keine Kinder bekommen konnten. Da zeigt sich nun einfach eine Begrenzung, das sind sozusagen die Züge, die ein für allemal abfahren, obwohl viele andere Züge im Leben wiederkommen. Vieles, was man in früheren Phasen versäumt hat, kann noch hereingebracht werden, aber eben nicht die biologische Mutterschaft. Wegen dieses Erlebens einer Grenze und dass man jetzt eindeutig in die zweite Lebenshälfte, die zweite Spielhälfte des Lebens herüberkommt, stellt sich eine bestimmte Beunruhigung bei vielen ein. Einerseits machen sie Bilanz: Was habe ich gelebt? Ist Wesentliches eingebracht? Was fehlt noch?

Was möchte ich in den verbleibenden Jahren einbringen? Werde ich auch körperlich in der Lage sein, dem gerecht zu werden? Und da kommt jetzt natürlich noch dazu, dass bei vielen Frauen das Selbstverständnis stark an einer bestimmten Jugendlichkeit, einer jugendlichen Attraktivität, Leistungsfähigkeit oder gar Schönheit hängt, und je mehr sie sich davon bestimmen lassen – ganz egal ist es ja niemandem –, desto mehr setzt eine Verunsicherung ein, und ich würde sagen, für die Frau ist es wirklich in diesen Jahren dran, ein neues Selbstverständnis, eine neue Identität aufzubauen. Wie verstehe ich mich als Frau, die nicht mehr gebärfähig ist und für die bestimmte Dinge – und da muss man natürlich genau hingucken, was das wirklich ist – bestimmte Dinge nicht mehr möglich, nicht mehr ins Leben einholbar sind.

W.: Wie könnte diese neue Identität aussehen?

R.: Ich finde, sie hängt auch davon ab, wie stark eine Frau ihr Frausein bisher mit der Gebärfähigkeit identifiziert hat. Es ist ja ein großes Missverständnis, dass die Sexualität mit den Wechseljahren aufhöre. Sie hört nur bei den Frauen auf, die sowieso in ihrer Beziehung nicht zu einer rechten Erfüllung gekommen sind und jetzt sagen können: Muss das noch sein? Aber es gibt andere Frauen, die, gerade weil es nicht mehr zur Schwangerschaft kommen kann, in eine neue Freiheit gelangen und auch in eine neue Hingabefähigkeit. Da habe ich auch eine ganze Reihe Beispiele erlebt.

W.: Viele Frauen haben das Thema Kinder hinter sich, und dass sie nicht mehr fruchtbar sind, damit können sie umgehen. Manche fühlen sich auch befreit, wenn die Menstruation aufhört. Trotzdem, die sexuelle Attraktivi-

tät der Frau für den Mann scheint einfach an das gebunden, was fast eine Magie ist, dass sie menstruiert. Dass sie gebärfähig ist, scheint ihre Attraktivität für den Mann auch zu erhöhen. Viele Frauen empfinden eben – wann immer die Wechseljahre eintreten: Das ist die Zäsur, jetzt sind sie nicht mehr attraktiv, jetzt guckt kein Mann sie mehr an, jetzt ist die Jugend vorbei, selbst wenn sie heute noch so viel unternehmen können, um attraktiv zu sein, ich glaube, das ist der tiefste Einschnitt, dass sie merken, jetzt bin ich für den Mann nicht mehr attraktiv, das heißt auch für mich selbst nicht mehr. Denn das hängt ja in unserer Gesellschaft nach wie vor ganz eng zusammen – trotz aller Überlegungen der Feministinnen, trotz aller Versuche, es ist ein Einschnitt, der, glaube ich, gar nicht radikal genug beschrieben sein kann.

R: Aber es ist trotzdem die Frage, ob der Mann das überhaupt so stark merkt, ob er so stark darauf baut, dass die Frau menstruations- und gebärfähig ist, oder ob die Frau selbst diese Fantasie hat und sich damit, indem sie sich sozusagen mit dem Angreifer identifiziert, selber stark entwertet. Wir sehen ja heute doch noch wirklich blühende Frauen in den Fünfzigern, und es gibt auch eine andere Form von Attraktivität, die einfach auf einer inneren Lebendigkeit beruht. Ich finde immer, es kommt so stark darauf an, wie eine Frau aus ihrem Gesicht herausschaut und auch, wie sie sich in ihrem Körper bewegt. Das ist halt eine Frage auch des Selbstbewusstseins. Dass diese Zäsur da ist und dass diese Vorstellungen, die auch in unserer Gesellschaft umgehen, einen dazu bringen können, zu sagen, ich bin eben nicht mehr attraktiv für den Mann, ist unbesteitbar. Aber das ist ja gerade der Krebsschaden, finde ich, dass man das dann auch selber meint.

W.: Und das ist eben auch die Aufgabe zu zeigen, wie es anders gehen könne.

R.: Aber ich bin auch dafür, dass man die Schwierigkeiten dieser Phase nicht einfach herunterspielt. Denn das ist die psychische Problematik dieser Zeit, dass man in die Versuchung kommt, grundsätzlich zu meinen, von jetzt ab gehe es abwärts, es gehe physisch abwärts, es gehe mit der Attraktivität abwärts, es gehe mit meinem Selbstvertrauen als Frau abwärts.

W.: Es gibt zweifellos Frauen, die das ganze Gegenteil beweisen; die bis ins hohe Alter attraktiv und schön sind. Aber, wenn man dann hört, dass die auch einen immensen Aufwand dafür betreiben, dann fragt man sich halt, ob das für die Durchschnittsfrau überhaupt zu schaffen ist.

R.: Ja, aber das ist jetzt die Frage, ob es der immense Aufwand ist, oder ob es primär die innere Einstellung ist, die eine Frau attraktiv erhält. Darauf möchte ich eben hinaus, wobei ich sehr wohl weiß, wie viele Frauen in eine wirkliche Depression geraten. In die Therapie kommen sehr viele Frauen gerade in dieser Zeit der Wechseljahre, aber es tröstet sie schon ein kleines bisschen, wenn man ihnen sagen kann, es sei auf jeden Fall nicht nur eine individuelle Krise, sondern es sei phasenspezifisch, es verunsichere uns alle, und es komme jetzt darauf an, welche Einstellung man dazu gewinnt.

W.: Es wird ja sicher in diesen Jahren noch mal deutlich, was in Gesprächen mit Frauen immer wieder hervorkommt: Nur die Wenigsten haben in unserer Kultur überhaupt je ein positives Verhältnis zu ihrem Körper gehabt oder gewinnen können – von Mädchenjahren an.

Und auch wenn sie von außen gesehen jung und hübsch waren, fanden sie sich trotzdem noch nicht schön. Und wenn jetzt das objektive Alter hinzukommt, wird dann natürlich der Umgang mit dem eigenen Körper noch mal schwerer als er sowieso schon immer gewesen ist.

R.: Das ist richtig. Es ist deshalb so, weil die Sache, die Frage nach dem Körpergefühl jetzt für viele so dramatisch wird. Und dass bei vielen erstmals eine echte Aufmerksamkeit auf den Körper wach wird. Sie kann sich natürlich im Sinn eines rein kritischen Sich-Beobachtens auswirken, so dass man praktisch nur die wachsende »Verhässlichung« wahrnimmt, es kann aber auch dazu kommen, dass man mit dem Körper Kontakt aufnimmt, so dass manche um diese Zeit zum ersten Mal auch ein besseres Körpergefühl entwickeln. Die Schönheit lassen wir mal in Klammern, aber dass Frauen aufmerksamer und damit vielleicht auch liebevoller mit sich umzugehen lernen, wie es manche auch schon früher durch eine Krankheit gelernt haben, das beobachte ich bei vielen. All dies möchte ich dagegensetzen, jedenfalls als eine Chance, überhaupt ersteinmal wirklich den Kontakt zu seinem Körper aufzunehmen, wie es auch im Blick auf die weiterhin bei vielen doch aktive Sexualität auch ist. Wir müssen von den Wechseljahren an genauer hinschauen, was wir brauchen, was uns gut tut. Wir dürfen aber auch etwas genauer hinschauen. Und bei vielen Frauen wächst in diesen Jahren auch Mut zu dem, was ihnen wohl tut oder auch nicht gut tut. Und das gilt es auch auszudrücken und auszusprechen.

W.: Mit den Wechseljahren meldet sich ja auch unwiderruflich das Alter. Gott sei Dank heute selten das Sterben – wir leben ja viel, viel länger – aber Alter auf jeden Fall, man hat die Schwelle in die Fünfziger überschritten und, obwohl jetzt viele Frauen sehr alt werden, hält die heutige Gesellschaft gar nicht viel von den Alten. Das zeigt sich im Berufsleben, aber es zeigt sich vor allen Dingen auch darin: Wenn man von »alten Frauen« spricht, ist das immer mit einem abwertenden Ton verbunden. Wie kann eine Frau sich gegen diese gesellschaftliche Abwertung überhaupt persönlich behaupten?

R.: Also zunächst möchte ich mal einwenden, dass das zwar oft so ein Gefühl ist, dass um die Fünfzig herum das Alter beginne, aber das ist natürlich überhaupt nicht gesagt. Es kommen nach den Wechseljahren für viele Frauen, gerade für die, die eine neue Einstellung gewonnen haben, hochaktive Jahre, wo auch eine bestimmte Genussfähigkeit fürs Leben wächst, gerade weil man sich etwas befreit fühlen kann von den früheren Sorgen, ob Schwangerschaft oder Kinder usw. Also, es beginnt das Alter ganz bestimmt nicht mit Fünfzig, sondern es kann jenseits der Wechseljahre noch einmal eine sehr gesunde und leistungsfähige Periode kommen, bis weit in die Sechziger hinein, und da muss man schon bedenken, dass alle Frauen, die in unserer Kultur oder auch in unserer Politik etwas darstellen, die bekannt geworden sind, in diesen Jahren stehen. Also wenn sie alle schon vom Alter eingeholt wären, dann würden sie das vielleicht nicht leisten können, was sie leisten. Das aber nur als Vorspann. Ich finde, das Schlimmste am Altwerden ist, wenn man sich diesen Schuh anzieht, der in unserer Gesellschaft üblich ist: dass man mit dem Altwerden zum alten Eisen gehöre und entwertet sei. Ich weiß, dass das weitgehend der Fall ist, und jetzt durch die angespannte Berufssituation vieler ist es noch verschärft – übrigens ja auch für die Männer –, dass man schon Ende Fünfzig einfach keine Jobs mehr findet in vielen Bereichen. Das ist die eine Frage. Aber die andere ist einfach ganz stark die, ob ich mich selber als alter Mensch zum alten Eisen zähle oder ob ich mich zum Beispiel auch mal zu den lebenserfahrenen Menschen zähle. Das ist ja der Reichtum des Alters, dass man auf jeden Fall mit dem Leben als Ganzem mehr Erfahrung hat. Ob Auslaufmodell oder Antiquität – das ist eben die Frage.

W.: Trotzdem frage ich noch einmal nach dem Wert gerade der alten Frau.

R.: Es ist durchaus möglich, dass die Frau wirklich in eine Selbstentwertungsfalle gerät, wenn sie spürt, dass das Alter näher kommt. Es spielt hier aber auch wirklich eine ungute Rolle, dass viele Frauen gelernt haben, schon von Mädchenjahren an, sich in ihrer Identität von dem her abzuleiten, was sie in den Augen des Mannes sind. Eben erzählt mir eine Freundin, dass nun so ab Mitte fünfzig, und nachdem sie sogar noch eine Totaloperation hinter sich hatte, eigentlich Sexualität für sie zu Ende gewesen war; dass sie in ihrer Attraktivität vom Mann einfach nicht mehr wahrgenommen wurde.

W.: Dies spüren vor allem auch allein lebende Frauen, aber auch in Beziehung und Ehe scheint es nicht ganz anders zu sein. Lili Pincus hat vor einigen Jahren geschrieben, dass gutes Altwerden vor allem bedeute, mit Verlusten zu leben, sie gut zu verarbeiten. Das passt ja nun gar nicht zu dem überall verbreiteten Trend zu Optimismus und Machbarkeit. Viele Menschen, vor allem Frauen, werden heute sehr alt, aber darauf ist die Gesellschaft überhaupt noch nicht geistig eingestellt.

R.: Nein, nur wird sie sich darauf einstellen müssen, weil einfach die Alten nun langsam zu einer Mehrheit werden. Das ist überhaupt nicht mehr zu übersehen.

Und angesichts des Alters stellt sich ja die Frage, die ich gerne so formuliere: »Wer bin ich eigentlich, wenn ich nichts bin?« Also »nichts« im Blick auf berufliche Rollen oder auch sonstige gesellschaftliche Leitbilder. Auf der anderen Seite hängt an diesem »Wer bin ich, wenn ich nichts bin?« das Menschenbild. Wir werden einfach umdenken müssen. Das Kind ist im Blick auf wirtschaftliche Nützlichkeit auch noch nichts, und im Blick auf das Kind besteht ja auch schon die große Frage, wie wir uns zu ihm einstellen, inwieweit es als vollwertiger Mensch gilt – allerdings hängt an ihm noch die ganze Hoffnung auf Zukunft. Aber wer ist der Mensch, der im Blick auf seine gesellschaftliche Leistungsfähigkeit und auch auf seine natürliche Attraktivität vielleicht nicht mehr so viel hermacht?

W.: Nun zeigen ja Erfahrungen von Leuten, die mit Alten umgehen, seit langem schon, dass Frauen in der Regel mit dem Alter im Vergleich zu Männern viel besser zurecht kommen, aus dem einfachen Grunde, weil sie dauernd in Beziehungen leben und nicht so wie der Mann sich völlig auf die Berufsrolle konzentriert haben. Es gibt natürlich inzwischen auch Frauen, die rein »Berufsfrau« und nie Mutter waren, und trotzdem sind Frauen meistens in Beziehungen eingebunden. Insofern haben sie ja einen Wert für die Gesellschaft, nur dass die Gesellschaft diesen Wert der Beziehungsarbeit ja überhaupt nicht anerkennt.

R.: Nein, obwohl die Alten entdeckt werden – ich stelle mir jetzt nicht gerade die Uralten vor, aber vielleicht die Siebzigjährigen – als jemand, den man sehr, sehr gut brauchen kann, nämlich zum Beispiel zum Zuhören. Oder das sind die Menschen, die – im Allgemeinen jedenfalls, wenn sie ihren Ruhestand ernst nehmen, –

wirklich anzutreffen sind; wo man klingeln kann, und sie sind da. Und das ist ein so wichtiges Gegengewicht gegen unser gesamtes Lebenstempo, dass ich das Gefühl habe: Da wächst auch etwas heran, was großen Wert für alle hat. Ich erinnere mich an die »Wahlgroßmutter«, die es hier in unserem Haus gab. Die erkannte man daran, dass vor ihrer Wohnung, obwohl sie allein lebte, ständig mindestens drei bis fünf Paar Schühchen standen. Die Kinder hatten diese alte Dame als ihre Großmutter auserwählt. Bei ihr war ständig Leben im Haus, sie war da, sie wusste zu erzählen, sie wusste mitzuspielen, sie wusste zum Spielen anzuleiten, sie wusste zu trösten. Das ist etwas, was in unserer Gesellschaft unter Umständen – auch wenn es im Moment nicht genügend gewürdigt wird – sehr wertvoll werden könnte.

Auch ein freies Potenzial von Menschen, die nicht eingebunden sind und deshalb auch sich freier äußern können, sind die Alten. Ich erinnere mich noch an die wilderen politischen Zeiten in Deutschland, wo einige der alten Generation – Heinrich Albertz und Helmut Gollwitzer – Idole waren für die Jungen: Die konnten es sich leisten, ihre Meinung frei zu äußern und für das einzustehen, was sie wichtig fanden. Ein Mensch, der im Beruf steht, der muss noch mit beachten: Wie denkt mein Betrieb? Wie denkt meine Partei? Wie denkt meine Kirche? In Bezug darauf ist der alte Menschen freier. Und da könnte, wenn man das wahrnähme, sich etwas entwickeln, auch ein gesellschaftliches, kritisches Potenzial, das unter Umständen an Bedeutung gewinnt.

W.: Zweifellos ist es nicht nur wünschenswert, sondern es gibt schon heute Frauen, die sich in dieser zweiten Lebenshälfte freier fühlen. Frei von dem, was man ihnen in der Familie beigebracht hat, frei von dem Zwang, Kinder zu haben, aufzuziehen, vom Ehemann womög-

lich frei, die auch diese innere Freiheit spüren, und die natürlich auch – ob als Schriftstellerinnen, ob als Wissenschaftlerinnen, ob als politisch Aktive – ein ungeheures Potenzial darstellen. Bis hin zu diesen liebenswerten Großmüttern, die als Wahlgroßmütter da sind. Aber wir wissen alle, es gibt natürlich auch das grässliche Gegenbeispiel von alten Frauen, die nörgeln, die schlecht gelaunt sind, die Ansprüche stellen, die dann wirklich zu einer Belastung und einem Horror geraten. Worin besteht die geheimnisvolle Metamorphose, dass die eine Frau es schafft und die andere wirklich zu einer grässlichen alten Schachtel wird?

R.: Ich meine immer, es tut sich beim Altwerden – sagen wir mal, so in den Sechzigern – eine Schere auf. Und zwar hängt das damit zusammen, ob ich dies, dass meine Zeit begrenzter wird, als etwas nur Erschreckendes auffasse oder auch als etwas Aufweckendes.

Daran, wie ich mit dieser kürzer werdenden Zeit meines Lebens umgehe, hängt alles. Ich kann mir ja sagen, es kommt jetzt wie bei jedem Spiel darauf an, was in der zweiten Spielhälfte geschieht. Ich kann zum Beispiel den Tag, das Jetzt ernster nehmen. Ich erlebe das bei vielen Menschen, dass sie im Alter ein stärkeres Verhältnis zum Jetzt kriegen. Früher hat man immer auf vieles gewartet, was noch werden würde, jetzt kann man sagen: Wenn nicht heute, wann dann? Und so habe ich sogar erlebt, dass Menschen, die eine depressive Grundstimmung in ihrem Leben hatten – also nicht schwere Depression, das ist noch mal etwas anderes – aber, dass diese im Alter manchmal eher aufgehellt wurden, weil sie sich sagten: Es kommt wirklich darauf an, die Zeit, die mir noch gegeben ist, zu füllen und anzunehmen, was das Leben gibt. Viele haben in einem ewigen Warten auf irgendetwas sehr viel Zeit verloren und verschwendet. Das jedenfalls scheint mir dieses Erweckende des Alters mit seiner knapper werdenden Lebenszeit zu sein. Wenn ich es aber nur unter dem Gesichtspunkt, dass ich andauernd etwas verliere sehe, dass andauernd etwas weniger wird, dann komme ich natürlich in eine Selbstentwertung hinein, die mich dann auch bitter machen kann.

W.: Verlust ist ja nicht nur, dass die Zeit knapp wird. Da gibt es Todesfälle, da gibt es Desillusionierungen an sich selber, Beziehungen gehen in die Brüche, da sind vielleicht erwachsene Kinder, mit denen man sich nicht versteht. Einer hat mal gesagt, je älter man werde, desto mehr Bitteres hat man auch erlebt und muss man verarbeiten. Woher kommen diese Kräfte, um diese Trauerarbeit zu leisten und dann darüber hinaus zu wachsen?

R: Ein wenig kommt es darauf an, ob ich überhaupt das Leben als etwas verstehen gelernt habe, das sich im Grunde ständig wandelt. Dass ich, so wie es in Prediger 3 heißt, die Phasen des Lebens als ständig wechselnde Phasen leben muss: als Zeit zum Lachen, Zeit zum Weinen, Zeit zum Töten (so heißt es sogar) und Zeit zum Heilen. Wie ich das mache, das ist natürlich schwer zu erklären. Nur, wenn ich es überhaupt an einigen entscheidenden Punkten erfahren habe, wird das jetzt eigentlich meine größte Stärke: dieses Im-Fluss-Bleiben, sich im Fluss halten, auch die schweren Momente als etwas zu sehen, was seine Zeit hat, und auch, wenn die Trauer da ist, sie zulassen und hineingehen – aber doch mit dem Wissen, es hat seine Zeit. Das ist einmal das Eine.

Ich finde wirklich, dass das, was man als eine mögliche Altersweisheit ansehen kann, in erster Linie dies ist: sozusagen mit dem Wellengang gehen zu können, sich nicht festhalten zu wollen, sondern zu öffnen für das, was kommt. Und dies wirklich mit dem Wissen darum, dass alles seine Zeit hat, also auch seine begrenzte Zeit.

W.: Aber diesen Übergang muss man ja erst schaffen. Eine Frau, deren Lebensgefährte jetzt gerade eine ganz schwere Krebserkrankung hat, sagt: Ich möchte gerne die Zeit zurückdrehen, wie es vorher war. Das ist doch eigentlich menschlich sehr verständlich.

R.: Ja. Zufällig bin ich auch mit einer Frau im Gespräch, bei der es wirklich jetzt so ist, einer Frau, die sich sehr schwer getan hat mit ihrer Ehe und oft mit dem Gedanken gespielt hat, diesen Mann zu verlassen. Sie hat Kinder mit ihm, jetzt erwachsene Kinder, und das Eigentümliche ist eben jetzt: Einerseits kommt natürlich ein tiefer Schmerz auf um verlorene Jahre, die man auch im Streit verbracht hat und in denen man diese Ehe immer wieder in Frage stellte. Und zugleich kommt plötzlich eine neue Verbundenheit auf. Der Mann setzt sich jetzt plötzlich morgens mal zu ihr, wenn sie irgendwo über etwas nachdenkt. Es ist also auch dieses Erweckende wieder drin, und sie hat plötzlich Tränen in den Augen, wenn sie von ihm erzählt, und sie sagt: Auf jeden Fall waren wir Lebenskameraden. Auch hier hat diese Gefährdung dessen, was sie miteinander haben, irgendwie die Substanz ihrer Beziehung herausgeholt. Und ich bin irgendwie auf der Spur, dass sowohl der Tod – dass wir um ein Lebensende wissen – als auch das Alter so etwas an sich haben können, das die Substanz herausholt. Nicht, dass wir alle unbedingt gleich aufs ganz Wesentliche kommen, aber dass wir dieses »überhaupt am Leben sein« und »am Leben teilhaben können« als einen neuen Wert erkennen. Und dass wir aus diesem neu entdeckten Wert heraus auch Krankheiten und Einschränkungen, auch Verluste anders annehmen können, zum Beispiel in der Einsicht, dass auch der Tod eines Menschen zeigt, was die Verbundenheit mit diesem Menschen in unser Leben hinein gebracht hat an Substanz. Ich fühle mich auch durch die Menschen, die ich verloren habe, nach wie vor enorm bereichert und spüre mehr, wer sie mir waren, als ich so manchmal im alltäglichen Leben in den mittleren Jahren wahrgenommen habe.

W.: Weiß man eigentlich, wie das in anderen Kulturen gelaufen ist? Man weiß ja, es gab Kulturen, die matrizentrisch waren, wo die alte Frau eine ungeheuer große Bestimmungsmacht hatte – ob immer zum Guten oder zum Bösen, können wir schlecht beurteilen. In so genannten Naturvölkern gibt es sicher auch alte Menschen, man hat manchmal die Idee, dort gelten die Alten wirklich etwas, weil sie Verbindung mit den Ahnen haben, weil vielleicht Frauen sogar weise Frauen, also Medizinfrauen oder Schamaninnen sind. Haben wir genug Kenntnisse, wie sich die Frauen in diesen Kulturen eigentlich selbst verstehen?

R.: Ich habe natürlich nicht den vollen Überblick, aber auch in lebenden Stammeskulturen wissen wir, dass die Frau nach den Wechseljahren wirklich einen neuen Status bekommt, sie bekommt auch eine neue Tracht, eine neue Kleidung und das ist dort in gar keiner Weise eine Abwertung, sondern sozusagen eine Aufnahme unter die Autoritäten des Stammes. Und was von ihnen erwartet ist und was sie auch haben, ist die Lebenserfahrung. Sie gehören zu denen, die gefragt werden in allen entscheidenden Momenten im Leben des Stammes. Ich habe auch gehört, dass in vielen Volksgruppen, zum Beispiel in Indien, das immer noch üblich ist, dass so etwas wie eine Initiation in den Status der reifen und weisen

Frau stattfindet, auch mit einer bestimmten Kleidung, die aber eine Würde bedeutet. Man hat in früheren Völkern einfach die Lebenserfahrung geschätzt. Weisheit ist an sich ein steiler Begriff, aber sie bedeutet auch schlicht die Lebenserfahrung und dass man so vieles bestanden hat, auch überlebt hat, und oft nicht nur physisch überlebt hat, sondern auch psychisch. Das wurde gewürdigt, und es wurde einfach als ein Glück betrachtet, alt zu werden. Ich habe gehört: In einer Stammesgesellschaft sagt man über jemanden, der Böses tut: Ach, der wird nicht alt. Und das ist schon eigentlich das Schlimmste, was einem da passieren kann. Und auch in der Bibel gilt ja das hohe Alter als ein »gesegnetes Alter« sozusagen, man hat es erreichen dürfen. Ich meine, den Alten waren in diesen Stämmen auch die Überlieferungen der heiligsten Traditionen anvertraut, das Wissen um das Werden des Stammes und seine Werte vor allem auch. Und vieles im religiösen Bereich konnte überhaupt nur von den Alten vollzogen werden, denn auch die Einführung der Jungen, die Initiationen waren ihnen anvertraut, sodass die junge Generation wirklich von der alten lernte. Man erfährt, dass in Kulturen, in denen das Alter auch eine Würde bedeutet, der Übergang ins Alter offensichtlich mit weniger Beschwerden oder mit gar keinen verbunden ist. Ich glaube, dass sogar in China und Japan – man hat natürlich keine strengen Statistiken – viel weniger über Beschwerden der Wechseljahre geklagt wird, und auch in Israel, wo vielleicht noch ein Stückchen matriarchaler Untergrund da ist – die jüdische Mamme ist ja doch noch eine ehrwürdige Gestalt – selbst da wird weniger darüber geklagt, und es ist weniger Problematik bekannt.

W.: In unserer Kultur ist es dagegen so, dass, obwohl es jetzt so viele Alte gibt, das Alter – speziell alte Frauen –

immer noch als etwas – ja fast Ekelhaftes gelten. Dazu kommt, dass in einer Epoche, wo sich alles mit unglaublicher Geschwindigkeit ändert, Erfahrungswissen, Traditionserhalt, Weisheit an Lebenserfahrung– an der Oberfläche mindestens – eigentlich immer weniger Wert hat.

R.: Mit dem Erfahrungswissen ist natürlich Lebenswissen gemeint. Im technischen Bereich – man denke allein an die Computerwelt, die immer komplizierter wird, da hat schon mancher Alte gesagt: Da lasse ich mich nicht mehr drauf ein, denn ich brauche das alles auch gar nicht, und es ist auch kaum mehr zu überschauen. Es geht um Lebenswissen. Es ist andererseits so, dass man die Alten doch auch sehr fragt: Wie war das also damals? Das sind die Leute, die aus erster Hand noch mal ein Stück Geschichte, erlebte Geschichte weitergeben können. Das ist in Deutschland wirklich im Moment wieder sehr aktuell, die letzten Alten, die bestimmte Dinge im Krieg, im Dritten Reich noch erlebt haben, wirklich aus erster Hand zu befragen, und da sprechen die Alten dann im Allgemeinen auch gerne. Man fragt auch: Wie war das, als es das und das noch nicht gab? Wie habt ihr das eigentlich gemacht? Vor allem aber wird gefragt: Wie habt ihr eigentlich den Krieg überstanden? Wie habt ihr diese unglaublichen Schocks und Schrecknisse durchgestanden? Es ist schon auch eine Frage nach Lebenswissen dahinter zu spüren.

Das Problem ist, finde ich, vor allem: Wenn wir selber – ich zähle mich ja mit Siebzig auch zur alten Generation –, die wir so viele sind, unsere Identität ableiten von dem, was die jüngere und mittlere Generation darüber denkt, dann sind wir natürlich schlecht dran. Ich finde gerade, dass wir so viele sind, könnte eine neue Kultur des Alterns und des Alters begünstigen, aber wir müssen den Mund aufmachen, und wir müssen auch in diese Rolle hineintreten. Ich sage den Frauen immer: Ihr müsst eure Würde auch übernehmen und auch zeigen. Das mag in der Straßenbahn sein, wenn man weggestoßen wird oder auch im öffentlichen Leben. Dass wir uns das einfach nicht zumuten lassen, nicht anziehen. Ich weiß, es ist nicht ganz einfach, aber es ist so erfrischend, wenn auch nur eine Einzige in irgendeinem Zusammenhang dazu steht und sagt: Leute, wir wissen etwas vom Leben, wir sind die wissende Generation, im Blick auf elementare Lebenszusammenhänge. Es wäre lohnend uns zu hören.

W.: Dass die Alten sich selbst zu Wort melden müssen – zugestanden. Was aber in den Medien – Frauenzeitschriften und Fernsehen – vorwiegend vorkommt in diesem Zusammenhang, ist doch dieses, dass die Alten etwas zu Betreuendes und etwas pädagogisch zu Führendes seien. Das heißt, die müssen fit sein und Sport machen (damit kann man sicher auch viel Geld verdienen), die müssen sich gesund ernähren, die müssen Gehirntraining betreiben, damit sie ja nicht vergesslich werden, die müssen Reisen machen, das heißt es wird ihnen dauernd etwas verordnet, was im Grunde reiner Konsum ist, reine Spaßgesellschaft. Ja gesund bleiben, ja nicht krank werden. Und natürlich Autonomie bewahren. Was ist eigentlich von diesen doch sehr lauten Sprüchen zu halten?

R.: Einmal will die Gesellschaft natürlich, dass die Alten möglichst pflegeleicht sind und bleiben. Also sollen sie nur ja gut auf sich aufpassen, damit sie niemandem zur Last fallen. Auf der anderen Seite, von den Alten selber her – natürlich ist es klar, dass sie auch selbst ein Interesse daran haben, möglichst fit zu bleiben. Etwas Anderes aber fehlt unserer Gesellschaft so sehr, dass wir Alten das hochhalten sollten: zweckfreies Tun, Muße, mit jemandem zu reden, freie Zeiteinteilung, freie Zeitgestaltung, eben nichts leisten zu müssen, sondern einfach sein zu dürfen. Ich finde, die alte Generation hätte wirklich die gesellschaftliche Aufgabe, diese so zurückgedrängten Werte hochzuhalten und auch zu leben. In diesem Sinn wäre die Frage zu beantworten: »Wer bin ich, wenn ich nichts bin?« Ich habe das Recht nichts zu sein, ich darf da sein. Es kommt mir in letzter Zeit wirklich immer mehr so vor, als hätten wir geradezu die Aufgabe, dieses hochzuhalten und auch defizient sein zu dürfen, schwach sein zu dürfen, wunderlich sein zu dürfen, mit zwei verschiedenen Schuhen aus dem Haus zu gehen oder mit nur einem. Dieses freie Menschsein, ein bisschen der Clown, »die unwürdige Greisin«, wie sie in Brechts Erzählung heißt, sein zu dürfen! Auch Adolf Guggenbühl hat ein sehr interessantes Buch geschrieben über »Die närrischen Alten«. Und er hält eigentlich das für die Weisheit des Alters: das zulassen zu können und zu dürfen, dass man auch defizient ist im Blick auf irgendein Leistungsideal oder ein Vollkommenheitsideal des Menschen. Sein zu dürfen, wie man ist. Aber das muss man sich innerlich zugestehen, sich erlauben und mit einer gewissen Würde vertreten. Würde heißt einfach: Wertbewusstsein, Unbefangenheit.

W.: Man erwartet ja gerade von der 68er-Generation, die jetzt in dieses Alter kommt, dass sie von ihrem damals so gesellschaftskritischen Impuls auch irgendetwas in die Jahre des Altseins hineinrettet – sei es im Sozialen, im Politischen. Eines, was ich aus dieser Zeit gelernt habe: Man kann sich den Ansprüchen der Gesellschaft auch schlicht verweigern. Mal einfach Nein sagen: Ich mache das Spiel einfach nicht mit. Und des-

wegen protestiere ich auch gegen die Fitness-Programme für die Alten: Was soll ich denn jetzt wieder alles machen? Immer soll ich irgendwas, immer muss ich irgendwas. Warum eigentlich? Ich darf doch einfach mal sagen: Ich spiele nicht mit. Ganz abgesehen davon, dass es ja auch viele gibt, die im Dunkel leben. Bert Brecht hat ja auch gesagt: « ... und man sieht nur die im Lichte, die im Dunkeln sieht man nicht.« Ich denke, ein Löwenanteil der Menschen lebt im Dunkeln, das heißt, sie sind nicht in den Medien, werden nicht hochgestylt, haben nicht viel Geld, sehen nicht toll aus, haben keine Schönheitsoperationen, keinen Hochleistungssport und keine tollen Leistungen vorzuweisen, aber sie leben ja auch, und es ist eine sehr große Zahl. Ganz abgesehen davon, dass es natürlich sehr viele gibt, die wirklich krank sind, die Behinderungen haben. Es gibt ja heute viele Frauen zwischen Sechzig und aufwärts, die alte Eltern zu betreuen haben und da all ihre Zeit und Kraft einbringen und das alles ohnehin nicht machen können. Kann man nicht auch denen eine Würde zugestehen?

R.: Genau in die Richtung möchte ich gehen. Ich glaube, es geht wirklich um unsere menschliche Würde überhaupt, als ganze Gesellschaft – übrigens auch eine Stärke des christlichen Menschenbildes, wenn wir es noch ernst nehmen, dass der Mensch jenseits von Nützlichkeit und Anpassung an die Gesellschaftswerte seine Würde hat. Ganz abgesehen davon, was da geleistet wird an unauffälliger und uneigennütziger Pflege. Die Alten pflegen ja die noch Älteren, so ist es! Die Siebzigjährigen pflegen die Neunzigjährigen, und da ist viel mehr da in unserer Gesellschaft an Hilfsbereitschaft, an fraglosem Sich-Kümmern untereinander als man meint. Wenn man sich umhört in unserer Altersgruppe, wie viele Menschen da ihren Vater und ihre

Mutter fünf bis zehn Jahre betreuen. Das ist ein Teil der alten Generation; man muss überhaupt unterscheiden zwischen den jungen Alten und den mittleren Alten und den Uralten. Es ist auch sehr individuell, wann einer noch im »jungen Alter« steht. Das kann bis hoch in die Siebzig gehen, so dass volle Leistungsfähigkeit noch gegeben ist. Es kann aber auch jemand unter Achtzig schon zu den Uralten gehören. Im Grunde gibt es auch Teilgenerationen unter den Alten, die einander sehr viel Beistand leisten.

W.: In den Debatten über das Älterwerden vermisse ich den Hinweis auf die Tatsache, dass es die Frauen ab 50 aufwärts sind, die 20 Jahre, 30 Jahre lang ihre ganze Zeit und Kraft für die ganz Alten investieren und zu eigenen Lebensentwürfen überhaupt nicht mehr kommen.

R.: Das Wichtige wäre, das zu würdigen. Denn da werden ganz hohe menschliche Werte gelebt, gefunden, weitergegeben. Ich denke oft, es gibt unterhalb dessen, was die Gesellschaft als ihre Werte anerkennt, ein feinmaschiges Netz. Da fällt erstens alles das hinein, was sozusagen in der »oberirdischen« Gesellschaft nicht anerkannt wird, aber da sind auch Infrastrukturen, oft Binnenstrukturen, die von so viel größerer Menschlichkeit sind, als man im Allgemeinen sieht und würdigt. So schwer beeinträchtigte oder gar demente Eltern Tag für Tag zu betreuen, ist menschlich etwas ganz Großes. Dazu kommt, auf was da alles verzichtet wird von den etwas Jüngeren: Da werden eben die Reisen nicht gemacht, die uns immer so anempfohlen werden. Man ist eben da, wo man gebraucht wird und das ist der höhere Wert.

W.: Versuchen wir doch noch einmal zusammenzufassen: Eine Frau ist in den Wechseljahren oder gerade durch sie hindurch geschritten, ist um die 50 oder ein bisschen darüber. Auf was sollte sie sich jetzt innerlich einstellen? Was sollte sie ins Auge fassen als Ziel, als Anspruch an sich selbst, auch als Desillusionierung?

R.: Sie sollte sich darauf einstellen, dass es auch loszulassen gilt, wirklich auch als eine Lebenseinstellung: die kommenden Dinge nicht so verkrampft in die Hand nehmen zu wollen, sondern auch stärker zu sehen, was das Leben jetzt gibt und auch, was es nimmt. Ich denke, es nimmt in diesen Jahren tatsächlich Einiges ab, man kriegt aber auch die Hände frei für Neues. Also allein diese offenere Lebenseinstellung, die auch dem Hier und Jetzt mehr abgewinnt, ist wichtig. Ich sollte es mir direkt zu einem Lernziel machen, eine Offenheit für die zeitlichen Phasen des Lebens zu gewinnen. Und natürlich zugleich die möglichen Werte, die mir in meinem Leben noch fehlen, soweit es möglich ist, hereinzuholen, vor allem auch im Blick auf meine eigene Entwicklung und auf die Beziehungsmöglichkeiten.

Natürlich gehört auch dazu – die Frage stellt sich von ganz allein –, ob ich tatsächlich nur aus mir selbst heraus und aus den zwischenmenschlichen Zusammenhängen eine solche Einstellung gewinnen kann. Ob es nicht möglich wäre, mich auf die größeren Zusammenhänge des Lebens zu besinnen und vielleicht darüber hinaus auch einen Zugang zu tragenden Mächten zu finden. Ich möchte es mal so offen ausdrücken, weil es nicht für jeden unter denselben Vorstellungen möglich ist. Für mich ist die Vorstellung, dass es einen Lebenszusammenhang gibt, durchaus etwas Anschauliches, weil ich dann das Gefühl habe, ich falle nicht heraus, wenn ich jetzt in diese spätere Phase komme. Und eben in dem Sinn, dass alles seine Zeit hat und dass es auch für mich dran ist, mich jetzt diesem Älterwerden und dem Alter zu stellen, dem auch etwas abzugewinnen, vielleicht sogar eine neue Freiheit und eine neue Würde. Aber auch darin einen Wert zu sehen, dieses Loslassen zu lernen, auch ein Stück weit von mir selber absehen zu lernen. Ich denke, es geht auch darum, ein innerlich freier Mensch zu werden, der auch wieder Mut hat zu Unvollkommenheiten, zu Narreteien, zu Unangepasstheiten. Also im Grunde geht es vielleicht wirklich um eine neue Freiheit, die dann irgendwann auch fähig macht, überhaupt loszulassen.

W.: C. G. Jung hat ja überhaupt die zweite Lebenshälfte diejenige genannt, in der die religiöse Frage für jeden Menschen zu einer zentralen Frage wird, der er, ob er will oder nicht, gar nicht mehr ausweichen kann. Nun ist mit Religion, auch bei C. G. Jung, sicher nicht einfach Kirchlichkeit gemeint und trotzdem: Alles, was eine Frau sich selbst nun an Wert, an Sinn suchen könnte, lässt sich ja anders als mit spirituellen oder religiösen oder mindestens künstlerischen Metaphern gar nicht ausdrücken. Spricht die Erfahrung dafür, oder ist das einfach zu hoch gegriffen?

R.: Hier geht es wohl um das, was ich mit dem größeren Zusammenhang meinte.

W.: Die tragenden Mächte, das ist ein schönes Wort.

R.: Ja, dass man sich ihnen anvertrauen könnte, das wäre der Sprung aus Angst und Verbitterung in ein offenes Mitgehen mit dem, was das Leben einem zumutet und auch zutraut.

Mit dem größeren Zusammenhang meine ich auch, dass ich sozusagen einwilligen kann in das, dass Leben Aufstieg und auch wieder Abstieg kennt, Ausrollen und

Einrollen. Dafür gab es früher dieses Symbol der Spirale, sogar einer Doppelspirale, also einer sich einrollenden und einer sich ausrollenden. Und eben auch einzuwilligen in das, dass ich jetzt in die Phase des Einrollens komme, das ist für C.G. Jung ja nicht nur ein Abbauen, sondern auch eine Wendung hin zum Kern.

Weise Frauen

R. Ingrid Riedel
L. Emilie Lieberherr
M. Herbert Meyer
v.d.W. Senta van de Wietering

M.: Frau Riedel, Sie haben auch Theologie studiert. Was hat Sie an dieser Wissenschaft angezogen?

R.: Ich habe mich damals dafür interessiert, Sinn zu finden. Es war ja unmittelbar in der Nachkriegszeit. Da sind sehr viele Werte kaputt gegangen und es hat mir doch imponiert, dass wenigstens einige Christen damals Stand gehalten haben. Und das schien mir eine Tradition zu sein, in der es etwas zu entdecken gab. Es war aber auch die persönliche Sinnfrage.

v.d.W.: Und was hat Sie danach weiter bewogen, sich der Jungschen Psychologie zuzuwenden?

R.: Das war das Interesse am einzelnen Menschen und an mir selber. Das Interesse an der Seele vor allem, die, so meine ich, mehr ist als nur etwas Persönliches, die uns eigentlich alle irgendwie verbindet. Und da hat mich die Jungsche Psychologie vor allen anderen angezogen, weil sie wirklich etwas über die Tiefe und Weite der Seele weiß. Es ist mir aber auch nach langen Jahren der Mitarbeit in einer Bildungseinrichtung, wo ich mit sehr vielen Menschen zu tun hatte, ein Bedürfnis gewesen, mit einzelnen Menschen ein Stück weit zu gehen.

L.: In welcher Phase Ihres Lebens haben Sie geistig den Kontakt gefunden zu Hildegard von Bingen, dieser großartigen Mystikerin des 12. Jahrhunderts und damit den Impuls erhalten, darüber ein Buch zu schreiben?

R.: Jedenfalls hatte ich den Kontakt zu ihr in meinem Theologiestudium überhaupt noch nicht gefunden, da kam sie nämlich gar nicht vor, obwohl ich auch ziemlich eingehend Kirchengeschichte studiert habe. Ich habe sie entdeckt mit etwa 39 Jahren, als ich von der Evangelischen Akademie aus, in der ich damals Studienleiterin war, eine Mystiktagung vorbereitete, noch nicht einmal eine Mystikerinnentagung, sondern eine Mystiktagung. Und da stieß ich, vor allem über die Bücher von Heinrich Schipperges, dem Medizinhistoriker, auf diese ungewöhnliche Frau und mir schwante plötzlich, was weiblicher Geist sein könnte. Auch die Vielfältigkeit dieser Frau hat mich so beeindruckt. Dass sie Dichterin war, Musikerin, dass sie Naturkundige war, Heilkundige und dazu eine große Visionärin. Mir schien in ihr alles das, was weiblicher Geist sein könnte, in einer ungewöhnlichen Weise verbunden zu sein. Ich habe allerdings weit über zehn Jahre gebraucht, bis ich mich an ein Buch über sie gewagt habe. Aber immer hatte ich das Gefühl, das wollte ich mal machen. Weil es mir nicht nur um sie ging, sondern überhaupt um die Entdeckung, was weibliche Geistigkeit sein könnte.

M.: Weibliche Geistigkeit. Das Weibliche ist ja für viele etwas Rätselhaftes, oft auch für die Frauen selbst, nicht nur für den Mann. Wie würden Sie das Weibliche umschreiben?

R.: Das ist eine sehr schwierige Frage, die einen auch aufs Glatteis bringen kann. Einfach auch, weil da schon so viel festgelegt zu sein scheint. Ich möchte vor allem unterscheiden: das weibliche Prinzip und die Frau selber, die konkrete Frau. Das weibliche Prinzip kann zum Beispiel, und das wäre wünschenswert, auch im Manne wirken. Das weibliche Prinzip ist für mich abzuleiten von dem – ich will es mal so sagen –, was der weibliche Körper ausdrückt. Das ist ja nun die eindeutigste Unterscheidung zwischen Mann und Frau. Und da meine ich, drückt sich dies aus: Sie ist in besonderer die Weise Hingabefähige, Aufnahmefähige, aber auch schöpferisch Gebärende und die, die sich um das Geborene und um alles Leben sorgt und das Leben begleitet, weckt. Und ich glaube, dass die Frau durch ihren Bezug zum Kind, zu dem vorsprachlichen Kind auch, eine besondere Empathie entwickelt hat, auch Dinge zu erraten, zu erfassen, intuitiv herauszufinden und dass ihr Denken ein bezogeneres sein kann als das des Mannes. Aber wichtig ist mir jetzt nicht die einzelne Frau, die ja immer aus Männlichem und Weiblichen besteht bis in ihre Hormone hinein, wenn auch in einem individuellem Mischungsverhältnis, sondern das weibliche Prinzip scheint mir dieses in etwa zu sein. Ich werde immer vorsichtiger, je länger diese Frage umgeht. Und ich finde, man sollte auch nicht einfach Menschliches, wie zum Beispiel Aktivität oder Bewusstsein, dem Männlichen oder Weiblichen zuordnen.

v.d.W.: Wenn Sie vom weiblichen Prinzip reden, geht das dann in die Richtung der Archetypen, die bei Jung ja immer wieder auftauchen?

R.: Ja, das könnte man einen großen Archetyp nennen.

v.d.W.: Könnten Sie einfach zur Klärung des Verhältnisses des Weiblichen und der Frau – könnten Sie generell etwas zu den Archetypen sagen? Wie kann man das verstehen? Was ist ein Archetypus?

R.: Ein Archetyp ist eine anthropologische Konstante, die sich in allen Menschen in einer bestimmten Erlebensweise und Verhaltensweise ausdrückt. Es ist ja häufig ein Missverständnis, dass die archetypischen Bilder, die den Archetyp ausfüllen, schon der Archetyp wären. Das sind die Ausmalungen des Archetyps, und die sind natürlich auch sehr stark kulturabhängig. Was die Frau ist, wie sie bestimmt wurde, was ihre Bedeutung war, ist in den verschiedenen Kulturen sehr unterschiedlich. Aber ich versuche jetzt, strukturell zu umreißen, was der Archetyp sein könnte, der dem weiblichen Prinzip zu Grunde liegt. Und ich unterscheide die konkrete Frau in ihrer Individualität, die ganz unterschiedlich ist in ihrer jeweiligen persönlichen Gleichung zwischen Männlichem und Weiblichem von diesem abstrakten weiblichen Prinzip, dem Archteyp.

L.: Also in der Regel glaubt man ja, dass Archetypen etwas sind, das einmal festgelegt war und dass dann eigentlich so Abwandlungen kommen. Und ich glaube, gerade bei den Frauen gibt es da natürlich sehr viele Missverständnisse, weil die Frauen sich ja immer gewandelt haben. Was vielleicht einmal als weiblicher Archetyp einer bestimmten Zeit gelten mochte, hat heute vielleicht keine Bedeutung mehr. Und aus diesem Grund möchte ich Sie fragen: Ist es überhaupt sinnvoll, von Archetypen zu reden, weil alles immer im Fluss ist?

R.: Es ist nur dann sinnvoll, wenn man wirklich die zeitbedingten und geschichtlich sich ständig wandelnden Bilder unterscheidet von diesem Grundprinzip – ich bin bewusst auf die Körperlichkeit zurückgekommen –; es wird immer diese beiden Formen des Menschseins geben, die weibliche und die männliche, und ich glaube, der Körper ist nun wirklich kein Zufall. Es gibt natürlich sogar Mischformen zwischen männlichen und weiblichen Körpern, aber auch das muss der Mensch dann als sein persönliches Schicksal annehmen und leben.

L.: Wir meinten doch Jahrhunderte lang, dass eigentlich Gott das männliche Prinzip wäre. Heute sind wir der Meinung, dass Gott nicht nur das männliche Prinzip sei, sondern dass Gottes Bild aus männlichen und weiblichen Prinzipien bestehe. Wie sehen Sie das?

R.: Einmal sehe ich hier ein großes Verdienst der Frauenforschung, der Forschung der Frauen, die das zutage gefördert hat. Es ist heute überhaupt nicht mehr anzuzweifeln – weil auch archäologische Funde in großer Zahl vorliegen – dass Jahrtausende lang das Bild der Frau überhaupt das Gottesbild war. Vielleicht in Auseinandersetzung damit wurde dann – auch über einige tausend Jahre – das Männliche sehr stark in den Vordergrund gerückt, obwohl die Antike vor allem auch Götterpaare kannte. Ich glaube auch, dass wir in der heutigen Zeit das Bild eines Paares brauchen, und zwar möchte ich gar nicht mal so sehr auf ein Mutter/Vater-Paar kommen, sondern auf ein geschwisterlich oder liebend verbundenes Paar. Wir haben da viele neue Versuche, das Gottesbild zu umschreiben, haben auch in der biblischen Tradition, z.B. in der Frau Weisheit, eine fast vergessene Gestalt wieder ans Licht gehoben, die in den späten Schriften des Alten Testaments schon bekannt war. Sie wird da auch als eine liebende »Gespielin Gottes« vom Anfang der Schöpfung an bezeichnet. Aber ich finde, man muss ein Bewusstsein für die Notwendigkeit der Veränderung des Gottesbildes haben, um daran überhaupt etwas zu finden. Sehr viele Frauen konnten sich überhaupt nicht mehr identifizieren mit einem bloß männlichen Gottesbild; sie haben es schlicht als Projektion durchschaut und damit häufig auch total über Bord geworfen.

L.: Hat denn die Frau überhaupt eine eigentliche, nicht abgeleitete Identität?

R.: Ja, genau das ist die Frage der Frauen heute. Ich bin überzeugt davon, dass die Frau eine ureigene Identität habe und deshalb ist mir auch die Frauenforschung wichtig. Sie hat gezeigt, dass es Kulturen gegeben hat, die Jahrtausende länger bestanden als die uns bekannte patriarchale, Kulturen, in denen die Frau sich von der Frau, von der Mutter ableitete, wo das Mutter-Tochter-Verhältnis sehr zentral war. Ich finde aber vor allem, dass es für uns Frauen heute ganz enorm wichtig ist, dass wir unsere Identität nicht primär vom Männlichen ableiten, nicht primär vom Vater, vom Väterlichen und so auch später nicht zuerst von der Zuwendung oder Zuneigung des Mannes, sondern nach unseren weiblichen Wurzeln fragen und, wie ich hoffe, sie auch finden. Und da ist natürlich auch das Verhältnis zur Mutter sehr, sehr wichtig. Wenn das gebrochen ist, ist es schwer, zu einer nicht vom Männlichen abgeleiteten weiblichen Identität zu kommen.

v.d.W.: Ich möchte, bevor wir über das Mutter-Tochter-Verhältnis weiterreden, zuerst noch mal auf die Archetypen zurückkommen. Sind Archetypen oder Prinzipien wie das Männliche und das Weibliche, die Aussage: Das ist weiblich, das ist männlich, nicht auch gefährlich, weil man dazu tendiert, zu sagen: Die Frau ist so, sie ist das Weibliche. Der Mann ist so, wie eben das Männliche ist.

R.: Deswegen habe ich ja bewusst versucht, die Ausmalungen dieser Bilder als das Sekundäre zu beschreiben, so übrigens auch bei Jung, wenn man ihn richtig versteht, er hat ja die Vorstellung von den Archetypen entwickelt, und er hat streng darauf geachtet, dass wir den Archetyp selber als etwas Unanschauliches, eigentlich nur als Prinzip, als ein Strukturmuster betrachten. Und wie gesagt, ich meine das Ursprünglichste der Frau ist ihr weiblicher Körper. Und an dem, was er ausdrückt, was ihm entspricht, lässt sich das weibliche Prinzip im Unterschied zum Männlichen ableiten.

L.: Nun gibt es natürlich auch einen männlichen Körper ...

R.: Ja, er verkörpert und charakterisiert den männlichen Archetyp.

L.: Sie haben vorhin erklärt, dass über eine viel längere Zeit hinweg in der Menschheitsgeschichte das weibliche Prinzip dominiert hat, also für eine längere Zeit das Matriarchat herrschte anstelle des Patriarchats. Da stellt sich doch die Frage: Wo haben wir es eigentlich hingebracht? Wir haben heute weltweit das Problem, dass die Frauen ihre Identität nicht finden, dass Frauen unterdrückt und schlecht behandelt werden. Wieso? Wieso ist denn heute ein derart großes Manko vorhanden, wenn wir doch geschichtlich von dem zehren könnten, was über Jahrtausende hinweg sich entwickelt hat?

R.: Das kann ich natürlich im Einzelnen auch nicht beantworten, sondern nur einstimmen in die Verwunderung, dass uns das so weit verloren gegangen ist. Auf der anderen Seite möchte ich doch nicht unterschätzen, was in den letzten Jahrzehnten an Erwachen der Frauen weltweit geschehen ist. Ich hätte es vor 30 /40 Jahren noch nicht für möglich gehalten, was da an Identitätssuche aufbricht und auch an Wiederfinden weiblicher Würde, verbunden auch mit politischen Handlungen, Forderungen und Aktionen, die auch einiges bewirkt haben. Es ist eine riesige, schwer zu beantwortende Frage, wie es vor Jahrtausenden zu diesem Umsturz kam, vom Matriarchat zum Patriarchat, nur glaube ich, dass die Einseitigkeit, in der die Mutter, das Mütterliche dominierte, nur in einer naturnahen und allenfalls noch Ackerbaugesellschaft durchgehalten werden konnte, vor allem in dieser Einseitigkeit. So vermute ich, dass damals, als die frühen Stammeskulturen sich zivilisatorisch weiterentwickelten, das männliche Prinzip eines Tages auftauchen musste und sich immer stärker durchsetzte. Es kam, wie so oft, wenn etwas einseitig war, dass das Kind mit dem Bade ausgeschüttet wurde, dass eben in aggressiver und weitgehend auch kriegerischer Form diese alte Kulturform gestürzt wurde. Dafür hat man noch Nachweise, in der kretischen Kultur z.B., und an anderen Orten. Aber warum sich nun das Patriarchat seither gehalten hat, ist schwer zu beantworten, d.h., ich könnte schon einiges dazu sagen. Es hängt wohl auch damit zusammen, dass die Frau Jahrhunderte lang sehr stark eingebunden war in die Familie, in die Aufzucht der Kinder, und der Mann Entdeckungen machte durch seine freiere Lebensweise, Entdeckungen an Werkzeugen, an Transportmitteln, auch an Waffen, die die alte matriarchale Kultur so nicht einbringen konnte.

M.: Ich möchte zurückkommen auf die Gottesbilder. Sie haben vorhin davon gesprochen: Es gibt oder gab matriarchale Gottesbilder, und es gibt patriarchale. Und dann haben Sie vom Paar gesprochen. Das wär's ja dann. Das wäre ja dann das Neue, würde ich jetzt mei-

nen. Da geht es um die Identitätssuche. Da ginge es dann in einem neuen Prozess um den Austausch, ich sage es jetzt abstrakt, zwischen dem männlichen wie dem weiblichen Prinzip im Mann und in der Frau zugleich. Ist das eine Möglichkeit von heute, die sich abzeichnet?

R.: Ich halte das für eine Möglichkeit. Wie gesagt, Jung war vielleicht der Erste, der das ganz stark betont hat, dass es für Frau wie Mann darauf ankommt, das jeweilige gegengeschlechtliche Prinzip in sich selber auch zu entwickeln, nicht zuletzt als Basis für eine Bezogenheit der Geschlechter aufeinander. Ich glaube, wir haben heute schon etwas davon – bis dahin, dass eine gewisse Androgynität modern ist, auch von manchen ganz bewusst dargestellt wird in ihrer körperlichen Erscheinung, in Kleidung und Verhalten. Ich halte es für möglich, dass wir in Zukunft zu einer von dieser Basis ausgehenden größeren Geschwisterlichkeit zwischen Mann und Frau kommen, wobei ich es schade fände, wenn dabei die erotische Spannung eingeebnet würde. Aber das ist, glaube ich, nicht so rasch zu befürchten.

M.: Aber wo ist das erlernbar?

R.: Sicher primär in der Partnerschaft, in dem Miteinanderaustragen der beiderseitigen Prinzipien.

M.: Aber wer unterweist uns da in diesen Dingen?

R.: Für mich läge es natürlich nahe zu sagen, das können Sie in einer Jungschen Psychotherapie lernen, aber das will ich natürlich nicht zum Monopol machen. Ich denke, es ist erfreulicherweise inzwischen wirklich ins allgemeine Denken eingegangen, und es wird auch immer wieder unter bewussteren Menschen erprobt. Wir wissen heute davon, dass diese Möglichkeit besteht und dass wir wirklich die beiden Prinzipien Yin und Yang, wie es so schön im Osten heißt, in uns tragen und wir umso mehr abgerundete Menschen, ganze Menschen werden, je mehr wir das gegengeschlechtliche Prinzip in uns erwecken und erkennen.

W.: Wenn Sie sagen, die Vereinigung von männlichem und weiblichem Prinzip lasse sich in der Partnerschaft erlernen, sind Sie dann nicht doch wieder an dem Punkt, wo der Mann für das Männliche steht und die Frau für das Weibliche?

R.: Ja nun, primär steht sicher der Mann für das Männliche und die Frau für das Weibliche, nur stellen wir als Einzelne eine bestimmte Mischung aus Männlichem und Weiblichem dar. Wie gesagt, bereits in unseren Genen ist das so, dass wir jeweils nur einen geringfügigen Überhang des eigenen Geschlechts in unseren Genen haben. Und insofern meine ich, dass – ich sagte es bereits – wir als Individuen ein Mischungsverhältnis jeweils darstellen zwischen Männlichem und Weiblichem, die Prinzipien aber doch klar zu unterscheiden sind.

L.: Aber ist es nicht zu spät, wenn man diesen Lernprozess erst beginnen sollte, wenn die Beziehung entsteht und die Beziehung dann wachsen soll? Für mich ist das eigentlich zu spät. Eigentlich müsste der Mensch rechtzeitig wissen um dieses Grundprinzip, dass man beide Richtungen in sich hat und man müsste das eigentlich schon in der Erziehung den Kinder beibringen.

R.: Das fände ich auch begrüßenswert. Es gibt ja auch Eltern, die schon versuchen, auch indem sie nicht nur geschlechtsspezifisches Spielzeug anbieten, die Rollenprägung etwas zu öffnen, wobei immer noch der Einfluss der geprägten Geschlechter-Rollen riesengroß ist. Ich stimme Ihnen da schlicht zu, möchte allerdings auch darauf hinweisen, dass die ersten Beziehungen schon im Kindergarten beginnen, schon bei den Geschwistern, und mit der Pubertät, mit 13, 14, 15 Jahren, beginnt dieses Spiel zwischen den Geschlechtern. Ich möchte aber auch auf etwas hinweisen, was vielfach unterschätzt wird: die Bedeutung der gleichgeschlechtlichen Freundschaften für die Identitätsfindung, die gerade auch in der Pubertät, in der Suchphase für beide Geschlechter sehr wichtig ist. In der Vorpubertät neigen Jungen zu Jungen, Mädchen zu Mädchen. Ich bin aber der Meinung, dass es uns auch lebenslang sehr viel bringt, wenn wir uns mit einem Menschen des eigenen Geschlechts nah verstehen, sie oder er kennen lernen, weil dies eine andere Variante unseres Frauseins oder Mannseins zeigt. Und daher hoffe ich auch, dass unsere Gesellschaft wieder freundschaftsfähiger wird.

M.: Darf ich auf die »Gespielin Gottes« zurückkommen, die Sie erwähnt haben, die Weisheit? In dem Buch der Sprüche, Sie haben das angesprochen, in einem biblischen Text aus dem 2. Jahrhundert vor Christus, behauptet jemand Folgendes: »In frühester Zeit wurde ich gebildet, am Anfang, beim Ursprung der Erde.« Und weiter: »Als er« – nämlich Gott – »die Fundamente der Erde abmaß, da war ich als geliebtes Kind bei ihm. Ich war seine Freude Tag für Tag und spielte und tanzte vor ihm alle Zeit.« Und das ist eben dieses Wesen namens Weisheit. Ist das heute noch am Leben, so wie es sich damals dargestellt hat?

R.: Ja, aber ich darf etwas Wichtiges korrigieren. Wenn man genau übersetzt, ist es eben nicht einfach ein Kind, sondern es ist eine geliebte Gespielin, es ist eine junge Frau. Aber das halte ich hier für wichtig, sonst wäre es wieder Vater und Kind, die hier miteinander schöpferisch spielen, aber es ist eine Frau. Sie ist »Amon Jahwe«, die Geliebte.

Sie war ganz lange in der Christenheit vergessen. Und dieses Monopol des männlichen Gottesbildes, bzw. des dreieinigen Gottes, der war ja auch männlich symbolisiert, stand absolut im Vordergrund. Nur in der Ostkirche hat man die Hagia Sophia, so heißt ja auch die Hauptkirche im damaligen Konstantinopel, nie ganz vergessen. Sie war nahe bei Maria in der Verehrung des Volkes. Im Mittelalter war sie nicht ganz vergessen, aber das Besondere an der Sicht einer Hildegard von Bingen ist darüber hinaus, dass sie in einer persönlichen Schau diese Weisheit, die ein Schöpfungsprinzip, das weibliche Schöpfungsprinzip symbolisiert, in einem wunderbaren Bild sah, als eine Frau im seidenen Gewand mit einem grünen Mantel darüber, die den ganzen Kreis des Kosmos von innen erfüllt. Unter Weisheit ist ja nicht zu verstehen – das kommt in diesem Beispiel sehr schön heraus –, dass man so etwas wie Altersweisheit hätte. Sondern Weisheit ist in diesem biblischen Zusammenhang das Wissen um die Kräfte der Schöpfung und der Natur. Diese »Frau Weisheit«, die es im Mittelalter schon noch irgendwie gab, auch in der Dichtung, da blitzt sie immer wieder einmal auf, wurde aber nicht mehr in ihrer vollen göttlichen Größe wahrgenommen. Diese aber hat, meine ich, Hildegard in unwahrscheinlicher Weise neu geschaut und in ihrem ganzen Werk zur Geltung kommen lassen, vor allem in ihrem letzten großen Werk, der sogenannten Kosmosschrift.

L.: Diese Weisheit imponiert uns sicher, aber wenn man die heutige Zeit betrachtet, müsste man sagen, dass ei-

gentlich diese Art von Weisheit heute keine Verehrung mehr erhält. Heute gilt als weise jemand, der viel Geld macht, der es weit bringt usw., der seine familiären Probleme gut regeln kann. Da liegt doch irgendwie ein Widerspruch, dass die damalige Weisheit in der damaligen Zeit richtig eingeschätzt wurde und dass die heute keine Existenz mehr hat.

R.: Für die Allgemeinheit gilt, was Sie sagen. Und das sieht man vor allem am Zustand unserer Natur, an der Vernachlässigung der Ökologie, alles das wären Bereiche, die die Weisheit durchdringt und trägt. Auf der anderen Seite muss ich sagen, dass eine Minderheit, eine qualifizierte Minderheit, sowohl von Naturforschern, Physikern, Biologen, als auch eine große Anzahl von Menschen, die einfach leiden unter der Zerstörung der Natur und der Bedrohung des Lebens, wieder auf der Spur solcher Weisheit sind. Ob sie nun nach dieser Weisheit fragen, ob sie sie nun so nennen, ihre ganze Geschichte kennen, weiß ich nicht so genau. Jedenfalls in der feministischen Forschung ist sie wieder entdeckt, es haben auch feministische Theologinnen beider Konfessionen viele Studien daran gewendet, diese Gestalt wieder ins Bewusstsein zu rücken. Einerseits ist da wirklich eine große Weisheitsvergessenheit in unserer Zivilisation, aber wie alles, was sehr nach Kompensation schreit, ist auch die Spur der Weisheit zumindest wieder aufgetaucht, die Faszination, ihr nachzuspüren, ist bei vielen erwacht.

W.: Könnten Sie eine positive Definition dessen geben, was Weisheit für Sie bedeutet oder was sie für Sie beinhaltet?

R.: Ich meine, es ist ein Erspüren des Zusammenhangs, des Zusammenspiels der Kräfte in unserer Natur, in unserem Körper, in den Rhythmen der Zeit, das Fragen nach dem rechten Augenblick für die Entwicklung der Dinge, aber auch, wann der rechte Augenblick gekommen ist, wirklich zu handeln, ein Erspüren der Kraft, die »die Welt im Innersten zusammenhält« Goethe). Kein Mensch unter uns kann dies voll begreifen, aber die Ehrfurcht davor und die Suche danach, die Frage danach kann wach bleiben. Meiner Ansicht nach beginnt das damit, dass wir unseren eigenen Leib, unsere leibliche Existenz im ganzen Zusammenhang des Lebens, unser Leben in Beziehungen und auch in der größeren Gemeinschaft wieder empfinden, also ein vernetzendes Denken üben, das die Dinge miteinander in Beziehung bringt.

M.: Es gibt ja einen ganz elementaren Wortsinn der Weisheit. Weise – wir sagen ja noch »einen Weg weisen«, und das ursprüngliche Wort »weise« hängt damit zusammen: Jemand, der weise ist, kennt den Weg oder kennt Wege. Und wer Wege kennt, kann ja auch einem anderen Wege weisen und ihn unterweisen. Also, wir haben alle diese Wörter noch, und auch die Inhalte, die sind immer noch im Spiel. Jetzt kommt meine Frage: Wäre eine Schule der Weisheit vorstellbar? Das würde also bedeuten, dass es so etwas gibt wie eine allgemeine Weisheit, oder ist Weisheit – Sie haben jetzt vom Gespür gesprochen und von diesem Erkennen der Winke und der Zeichen im Leben – ist Weisheit einfach eine individuelle Gabe?

R.: Nein, ich glaube, dass es möglich wäre, an eine große Tradition der Menschheit anzuknüpfen, es wirklich zu lehren, auch in den Schulen schon, im Religionsunterricht. Anstatt oft abstrakte Dinge zu bringen, etwas von diesen Zusammenhängen des Lebens zu lehren.

Was wir auch in der Psychotherapie wieder lernen müssen und mit unseren Klienten zusammen: Die Wege eines Einzelschicksals im größeren Ganzen zu verstehen, Orientierung zu suchen und zu geben, und dazu sind auch Weisheitstraditionen, wie wir sie zum Beispiel in den Märchen finden aber auch in der Philosophie und in den religiösen Traditionen, überaus wertvoll. Es gälte, auch diese größeren Zusammenhänge einbeziehen, damit wieder Sinn und Weg gefunden werden können.

L.: Hildegard von Bingen war ja nicht nur eine Seherin, sondern auch eine Lehrerin. Eine echte Lehrerin. Sollen denn junge Frauen frauenspezifisch gefördert werden? Ist es wichtig, dass Frauen Frauen fördern – ohne die Männer natürlich auszuschließen? Oder spielt das keine Rolle? Was ist da Ihre Haltung?

R.: Ich halte es für ausgesprochen wichtig, dass wir in Schulen und Ausbildungsstätten bis hin zu Hochschulen zumindest auch Frauen begegnen, wobei wir ihnen als Lehrerinnen ja häufig begegnen, schon als Kindergärtnerinnen – da fehlen ja schon manchmal fast die Männer. Aber an der Universität wird es dann schlagartig anders. Man kann sich über diese Absurdität auch wundern. Ich hatte in meinem Theologiestudium nicht eine einzige Frau als Lehrerin, als Dozentin, im Germanistikstudium an meiner Universität auch nicht, obwohl es da schon eher mal jemanden gab, und habe selber erst spät gemerkt, dass dabei meine Eigenart zu denken – ich will jetzt gar nicht einfach sagen »als Frau« – jedenfalls meine persönliche Eigenart noch gar nicht vorkam, sondern ich war zunächst mal schon stolz, dass ich überhaupt in diese heiligen Hallen der Theologischen Fakultät hinein durfte. Das war damals 1953, als ich anfing. Und ich hab viel später erst, auch durch den Kontakt mit der feministischen Bewegung gemerkt, dass wir unser genuin weibliches Denken überhaupt noch nicht wahrgenommen, nicht reflektiert hatten, auch wenn wir es natürlich hatten, an uns hatten. Aus der Erfahrung heraus finde ich, dass es unbedingt notwendig wäre – gerade auch an den Stätten der Wissenschaft – Frauen zu begegnen.

L.: Amerika hat ganz berühmte Frauenuniversitäten. Meine Frage an Sie – nicht alle Frauen müssen an Frauenuniversitäten gehen oder an Frauenakademien – aber wäre das ein Weg, um die Weisheit zu unterstützen, wenn wir vermehrt junge Frauen fördern und unterrichten würden an Universitäten oder an Frauenakademien?

R.: Ich fände es ausgezeichnet. Man diskutiert ja schon lange, ob die Sondererziehung von Mädchen – heute zugunsten der Ko-Edukation mit den Jungen fast überall abgeschafft –, ob die nicht eigentlich doch ein Gewinn war, ob es also gut war, dass die Mädchenschulen abgeschafft wurden wie auch eine speziell weibliche Jugendarbeit. Ich gehöre noch zu der Generation, die stolz darauf war, das zu überwinden. Und nun merken wir, die Mädchen sind dadurch in ihrem Spezifischen wieder ins Hintertreffen geraten. Ich wäre dafür, dass wir so etwas wie die amerikanischen Frauenakademien in einer europäischen Form, die vielleicht wieder etwas anders aussähe, schaffen würden: jedenfalls Stätten, wo Frauen mit Frauen speziell nach ihrem Weg suchen können, weil da einfach Nachholbedarf ist. Nicht dass man die Männer gar nicht mehr dabei haben wollte, aber jedenfalls zunächst auch mal Bereiche hätte, wo man den spezifisch weiblichen Traditionen und Wurzeln nachforschen könnte und auch eine Form weiblicher Geistigkeit im Schreiben, im Lehren, im Sprechen erlernen könnte.

v.d.W.: Es fehlt an Vorbildern ja nicht nur an den Schulen, sondern es fehlt an Vorbildern überall dort, wo die traditionellen Frauenbereiche verlassen werden. Auch in der Politik beispielsweise. Eine Frau, die sich Vorbilder suchen will, die eine Karriere im Managementbereich machen will, die findet keine Vorbilder. Beschränkt sich diese Vorbildfunktion nur darauf, wo effektiv gelehrt wird, oder hat sie auch ihre Wichtigkeit dort, wo, einfach dadurch, dass jemand Anderes seinen Weg geht, man auch abschauen kann?

R.: Ich halte dies für ganz wichtig, gerade auch in der Politik, wo wir ja oft diesen tragischen Vorgang haben, dass die Frauen, weil sie so unglaublich kämpfen müssen, um in eine einflussreiche Position zu kommen, von wo aus sie wirken können, oft so viel opfern müssen an weiblichen Verhaltensweisen, dass sie sich nachher fast nicht mehr von den Männern unterscheiden. Ich halte das aber eher für tragisch. Ich könnte das niemals hämisch betrachten, sondern so lange es noch so ist, dass wir noch übermäßig kämpfen müssen und übermäßig gut sein müssen, um in eine leitende Position zu kommen, so lange ist die Gefahr, dass wir das spezifisch Weibliche nicht einbringen können. Umso wichtiger finde ich, dass jede, die einigermaßen Freiraum gewonnen hat und an eine Position gekommen ist, wo sie nicht mehr so leicht in Frage zu stellen ist, hier versucht, auch dafür ein Modell zu geben, ein weibliches Vorbild in dieser Position, wobei ich nicht meine, dass eine Frau nicht kämpferisch sein soll – im Gegenteil, das wäre wieder ein Missverständnis des weiblichen Prinzips.

M.: Aber hier ist ja ein Vorbild: Hildegard von Bingen. Sie haben ein Buch über sie geschrieben. Und das kommt nicht von ungefähr. Und Sie nennen dieses Buch im Untertitel: »Prophetin der kosmischen Weisheit«. Ich möchte jetzt fragen: Was ist eine Prophetin?

R.: Wichtig ist mir, dass ich hier nicht einfach den Prophetenbegriff nehme, der gängig ist, dass das nämlich Leute sind, die alles voraussehen, Hellseher. Das war Hildegard nicht. Hildegard war Prophetin in dem Sinn, dass sie ein deutendes Wort zu ihrer Zeit sagen konnte. Und dass sie Zusammenhänge durchschaut hat. So hat auch die hebräische Bibel, das Alte Testament, das Prophetentum verstanden. Nicht dass Propheten alles voraussähen. Sondern dass sie zusammenhängend zeigten: Wenn ihr so weitermacht, dann folgt unweigerlich das und das. Und da hat Hildegard an einer Stelle etwas gesehen, was mich immer ganz betroffen macht: Sie hat gesehen, dass aufgrund dessen, dass der Mensch die Regelkreise der Natur nicht achtet, die Zusammenhänge der Natur, deren Weisheit nicht ehrt, dass es dahin kommen wird, dass Luft, Wasser, Feuer und Erde vergiftet und zerstört werden, aus der Reihe geraten und den Menschen auch bedrohen. Und da hört sie im 12. Jahrhundert die Elemente klagen, vor Gott den Menschen anklagen, er habe sie so missbraucht, dass sie jetzt ihre Funktion gar nicht mehr erfüllen können, auch für die Menschen nicht. Und da kann man natürlich fragen: Hat sie da hellseherisch etwas vorausgesehen, was im 12. Jahrhundert ja nur in den geringsten Ansätzen vorhanden war? Ich würde sagen, sie hat einen Zusammenhang gesehen. Sie hat den Menschen des 12. Jahrhunderts schon davor gewarnt, sich aus diesen weisheitlichen Zusammenhängen der Schöpfung zu lösen und eigenmächtig zu verhalten, damit es nicht zur Zerstörung komme. Und für mich ist sie Prophetin in diesem Sinne, dass sie deuten kann, was geschieht.

L.: Visionärin. Das heißt, sie hat nicht nur gedeutet, sondern sie hat kraft ihrer Fähigkeiten etwas gesehen.

R.: Genau dies. Und sie hat es so gesehen, dass die Elemente total durcheinander kämen und in bittere Klagen ausbrächen, wenn man sie aus ihren Bahnen würfe. Sie hat beim Sehen immer auch gehört. Und dann sieht sie eine große Katastrophe kommen, sieht es wirklich, wie Wälder stürzen und Bergstürze niedergehen und Riesenüberschwemmungen kommen. Und jetzt das Besondere: Hildegard sieht das als einen großen Wandlungsprozess, in dem die Erde gereinigt wird. Sie sagt, es wird viel zu Grunde gehen. Aber es wird zu einer Reinigung, einer Katharsis der Erde kommen. Und sicher, das ist jetzt die Frage: Will man es einfach als visionäre Zukunftsvoraussage sehen? Warum nicht. Aber mir genügt bereits zu sagen: Sie hat die Zusammenhänge, die Regelkreise der Elemente und Energien auf Grund dieser kosmischen Weisheit so gesehen, dass sie sagt: So wird es kommen, wenn ihr weiterhin die Gesetzmäßigkeiten missachtet.

L.: Aber sie hat auch etwas Beruhigendes gesagt. Sie hat gesagt: Es wird alles zusammenbrechen, und die Lebensbedingungen werden schlecht werden. Aber die Kraft der Schöpfung wird stärker sein.

R.: Darauf läuft es bei ihr hinaus.

L.: Und das finde ich natürlich eigentlich etwas Positives.

R.: Das ist etwas sehr Positives. Wobei Hildegard das nicht einfach so dahin sagt. Vielleicht kommen wir noch darauf. Das hängt mit ihrem ganzen Weltbild zusammen, dass sie die Erde eben nicht einfach nur in der Hand des Menschen sieht.

M.: Ich möchte eben auf dieses Weltbild zu sprechen kommen. Hildegard steht ja in einer frühen Theologie, für die der Kosmos auf den Menschen hin entworfen war. Und Gott war alles in allem. Und wenn man ihre Visionen liest und ihre Bilder schaut, wird das überdeutlich. Ihre Vision vom Kosmosrad – wie würden Sie das deuten?

R.: Zunächst einmal ist das ein Bild, das eine ihrer Kosmos-Visionen illustriert, in der Kosmosschrift, die sie im Alter zwischen 65 und 75 niedergeschrieben hat. Da sehen wir in der Mitte in einer wunderbar freien Haltung, wie ich empfinde, einen Menschen stehen, nackt, an sich von männlichem Typus, aber wenn man ihn genauer betrachtet, ist er androgyn, er ist also Mann und Frau zugleich. Es ist der Mensch. Er steht mit ausgebreiteten Armen innerhalb mehrerer konzentrischer Kreise. Das ist für Hildegard der Kosmos, in verschiedenen Schichten und Sphären. Wenn man genau hinschaut, merkt man: Er steht zwischen diesen vernetzenden goldenen Linien, die die verschiedensten Richtungen und Seiten und Kräfte des Kosmos zusammenspannen. Es sieht fast aus wie ein besonderes Horoskop, mit Verbindungslinien. Und zwischen denen steht er, als hielte er diese Linien wie ein Netz in der Hand. Ein ungeheures Gewicht gibt Hildegard dem Menschen im Kosmos, eine ungeheure Verantwortung: Wenn er die Fäden verwirrt, könnte der ganze Kosmos verwirrt werden. Sie meint eben nicht nur den Erdumkreis in dieser Vision, in der konzentrische Kreise um die Erdkugel herum sich ausweiten, sondern auch die Sphären des Himmels, aus denen verschiedene Tierköpfe so etwas wie kosmische Winde herein blasen. Und sie glaubt auch, es wäre für den Menschen wichtig, diese Winde zu kennen und sich auch richtig auf die einzustellen. Sie können ihm schaden, aber auch nutzen. Aber das große Geheimnis ist, es war ja eine Vision, die sie sehr erschüttert hat, weil es so ein gewaltiges Bild war – dass um den Kosmos herum ein rot glühender Kreis angelegt ist, ein Feuer, aber ein warmes Feuer, und das ist ein Liebesfeuer. Das ist nicht nur eine unpersönliche Macht, sondern das hat ein Gesicht, das hat Arme und Füße, und das ist für sie die personale Gestalt der Liebesenergie, die den Kosmos umfasst – trotz des Menschen und auch wegen des Menschen, der solche Verantwortung anvertraut bekommen hat. Diese Gestalt, die das kosmische Liebesfeuer annimmt, erinnert einerseits ein wenig an Christus – sie hat eine Fußwunde –, andererseits ist es ein ganz eigener Typus, fast weiblich. Was noch besonders merkwürdig ist: Aus dem Kopf dieser Gestalt scheint ein älterer Männerkopf hervor zu wachsen, bzw. er ist gekrönt von einem älteren Haupt, und Hildegard sieht in diesem älteren Haupt das ältere Gottesbild des Vaters oder des alten Weisen. Und sie sieht diesen ganzen Kosmos umschlossen von dem Feuer der Liebe und der Weisheit, so sagt sie ausdrücklich, einschließlich eines dunklen Kreises, der unmittelbar als konzentrischer Kreis auf den Liebesfeuerkreis folgt. Ihn nennt sie »Gottes Dunkelfeuer«. Sie weiß also ganz genau, dass die Welt nicht einfach friedlich geborgen in Gott ist, sondern da gibt es Widersprüchliches: diesen Kreis des schwarzen Feuers. Den hört sie tönen und donnern, und er ist richtig unheimlich, und von ihm sieht sie auch alles Gefährliche in der Welt ausgehen. Und während manche ihrer Zeitgenossen in eine dualistische Richtung dachten – die Gnostiker meinten, die Welt könne unmöglich von Gott geschaffen sein, sie sei viel zu zerstörerisch und zu gefährdet – sagt Hildegard: Dieses Liebesfeuer umfasst die Welt samt ihres

Dunklen. Das ist eine geheimnisvolle Aussage, die sie in ihrer Schau deutlicher sieht als dann in ihren Interpretationen, wo sie das Unerhörte immer wieder ein bisschen zu dämpfen versucht.

M.: Was machen wir mit diesem Liebesfeuer im wissenschaftlichen Zeitalter?

R.: Ja, die Wissenschaft kann darüber natürlich schwer eine Aussage machen. Obwohl heute einige Physiker Weltmodelle entwickeln, die ähnliche Vorstellungen enthalten, z.B. Brian Swimme, der meint, dass die riesigen Energiestöße im Kosmos, die ja alles erzeugen und die immer neue Himmelskörper gebären, etwas Ähnliches seien wie Liebesenergie. Aber das ist natürlich wieder ein symbolisches Weltbild. Ich meine, es sei ein symbolisches Weltbild, das eigentlich nur entweder im Glauben oder in Sehnsucht wahrgenommen werden kann. Hildegard beweist nichts, sie sieht. In diesem Bild ist eine Hoffnung enthalten, vor allem die, dass der Kosmos eben nicht nur dem Zufall und vor allem auch nicht nur dem Menschen ausgeliefert sei. Vielmehr ist der Mensch dem Kosmos ausgeliefert, und wenn er die Erde zerstöre, würde es ihm schlecht ergehen. Diese Zusammengehörigkeit von Mensch, Kosmos und allem Lebendigen wird von Hildegard gesehen. Und im Zeitalter der Einzelwissenschaft und der Einzelerkenntnisse, die ja so exakt geworden sind, dass kein Mensch mehr eine Gesamtaussage über den Kosmos wagt, ist es so, dass symbolische Weltbilder nur mehr als Ausdruck einer ungeheuren Sehnsucht nach der Schau des Ganzen zu betrachten sind. Und ich glaube auch, dass Hildegard deswegen so aktuell ist in unserer Zeit, weil sie Bilder zeigt, Symbole, die eine Ganzheit des Kosmos ahnen lassen und Erfahrungsmöglichkeiten solcher Ganzheit enthalten. Dabei muss man jetzt nicht unbedingt an den personalen Gott glauben, aber man kann an ein Energiefeld glauben, das eben letztlich doch stärker ist in seiner konstruktiven Kraft als die Destruktion.

L.: Hildegard von Bingen war eine katholische Äbtissin, eine Klosterfrau. Ist das denn ein christliches Welt- und Gottesbild?

R.: Diese Frage hätte Hildegard wahrscheinlich sehr betroffen gemacht. Hildegard hat bis in ihr vierzigstes Jahr hinein nicht gewagt, ihre Visionen zu veröffentlichen, weil sie fürchtete, vielleicht würde jemand bezweifeln, dass das ein christliches Bild Gottes und der Welt sei. Und sie hat es doch so gesehen. Sie konnte es nicht anders beschreiben. Es steht jedoch, jedenfalls mit dieser Kosmos-Vision, die wir näher betrachtet haben, in nichts im Widerspruch zu den Kern-Aussagen der christlichen Kirche. Das war Hildegard auch wichtig.

Hildegards Kosmos-Vision gleicht in Manchem auch östlichen Mandalas. Tibetische Mandalas zeigen dieses Weltenrad aber in der Hand eines Dämons. Und tibetische Buddhisten sehen nur in der völligen Befreiung von aller weltlichen Anhaftung eine Erlösungsmöglichkeit. Wir kennen vielleicht solche tibetisch-buddhistischen Mandala-Weltenräder. Das zentrierte und zentrierende Bild eines Kreises, eines Rades, einer Kugel ist eigentlich in allen Menschheitstraditionen enthalten. Zumal der Kreis ein uraltes Symbol für Ganzheit ist. Und Jung meint auch, es sei eigentlich das schönste Gottessymbol von allen: der alles umfassende Kreis, der auch das Dunkle, das Widersprüchliche, das Gefährdete und Gefährliche umschließt.

M.: Wir haben mit der Frage nach dem Weiblichen unser Gespräch begonnen. Meine letzte Frage geht auch in diesen Bereich. Sehen Sie neue Archetypen der Frau, die im Kommen sind, für das nächste Jahrhundert?

R.: Sie fragen also jetzt auch nach neuen Ausmalungen des Archetyps der Frau. Zunächst möchte ich sagen, dass überhaupt der Archetyp Frau, der Archetyp des Weiblichen wieder sehr wichtig werden wird. Und zwar, weil wir ihn lebensnotwendig brauchen, auch, um der Gefährdung der Erde standzuhalten. Es ist für mich auch ein Archetyp des immer wieder schöpferisch gebärenden Lebens und des für das Leben sorgenden Menschen. Wenn ich frage: Welche neue Ausmalung könnte unter Umständen dieser Archetyp erfahren – wie gesagt, ich bin keine Prophetin –, dann ahne ich, dass sozusagen die weisheitsbezogene Frau stärker im Kommen sein wird. Die Frau, die sich rückbezieht auf ihr Wissen um das kosmische Kräftefeld und die Natur und die dafür einsteht und eintritt. Es ist nicht nur die, die ihre natürliche Mütterlichkeit vielleicht wieder zu schätzen weiß, sondern auch die, die eine geistig-seelische Mütterlichkeit entdeckt und sie zu leben wagt. Dann glaube ich auch, dass die freie Frau, die sich nicht einfach nur vom Mann ableitet, ihm aber durchaus sich zuwenden kann, dass die auf Artemis, die alte Jagdgöttin zurückbezogene Frau, die wilde Frau, auch eine Wiederkehr erleben wird. Und dann glaube ich, dass – wie soll ich das nennen – die Frau als Liebende, die aber auch menschliche Geschwisterlichkeit in die Beziehung einbringt, auch im Kommen ist.

M.: Also, die Frau als Liebende, das wär's.

Gelebte Gestalten des Weiblichen

R Ingrid Riedel
W Hildegunde Wöller

W.: Wie lässt sich seelisch-geistige Mütterlichkeit an Beispielen umschreiben?

R.: Es gibt verschiedene Ausprägungsformen. Eine uralte Form, die aber alle Zukunft hat, ist zum Beispiel die Lehrerin. Ich staune oft in der Psychotherapie von erwachsenen Menschen, was in der Geschichte des Kindes, das Sie einmal waren, vielleicht völlig missverstanden, nie gesehen, eine Lehrerin bewirkt hat. Eine hat zum Beispiel ein Kind, das als geistig behindert oder jedenfalls als lernbehindert galt, in die Schullaufbahn hineingebracht, so dass es jetzt als eine Akademikerin vor mir saß. Und manche sind ja auch sozial so vernachlässigt gewesen, dass sie selber einfach verschüchtert und dadurch leistungsmäßig total blockiert waren. Da kann eine Lehrerin in der Grundschule viel bewirken. Das ist ein Uraltmodell, das aber auch immer aktuell bleibt und dem entsprechend unendlich viel an geistig-seelischer Mütterlichkeit gelebt wird, und zwar oft auch gerade von der unverheirateten Frau und auch von der älteren Frau, die da als ältere Lehrerin, wenn sie noch einmal die ersten Jahrgänge hat, oft viel liebevolle Mütterlichkeit einbringt. Oder ich denke an zwei Freundinnen, die Sonderschullehrerinnen sind, als die sie sozial sehr stark geschädigte oder eingeschränkte, blockierte Kinder, aus aller Herren Länder vor sich haben, und was diese beiden einbringen an wirklich geistig-seelischer Mütterlichkeit für Kinder, die das sonst überhaupt nicht kennen lernen könnten! Und das geht weiter bei der Berufsausbildung. Ich habe eine Gärtnerin kennen gelernt, die Lehrlinge heranzieht. Was sie dort gibt, wie sie diese jungen Menschen entdeckt und aufschließt, das ist erstaunlich. Das kennen wir ein bisschen auch aus dem Studium. Was hat es uns jungen Studentinnen bedeutet, wenn wir überhaupt einmal eine weibliche Professorin kennen lernen zu können! Es gibt noch gar nicht viele. Und wenn diese weibliche Professorin auch wirklich einen Blick für die jungen Menschen hätte, was sie da bewegen könnte, wäre ganz erstaunlich; sie kann wirklich zur geistigen Wegweiserin werden. Und vom Modell der Lehrerin leitet sich natürlich ab, dass man als Frau überhaupt zur geistigen Wegweiserin für jüngere Frauen werden kann, auch für Gleichaltrige. Es scheint sich ein neues Modell herauszubilden heute – darauf hat auch meine Kollegin Brigitte Dorst immer wieder hingewiesen: die Mentorin, und zwar nicht im Sinne einer professionellen Sonderrolle, sondern als eine Frau, die weder nur Lehrerin ist für die, die zu ihr kommen, noch gleich Therapeutin, sondern die aufgesucht wird mit allen möglichen Fragen nach der Lebensgestaltung, nach Lebensentscheidungen, nach Sinngebung, nach dem richtigen Beruf, nach der richtigen Partnerschaft und so weiter. Also eine Mentorin, die nicht unbedingt professionell sein muss. Ich erinnere mich auch an meine Studentenzeit, da wurde mir erzählt, es gäbe so eine Frau, die wohne im Dorf hinter dem Berg, bei Göttingen war das damals, zu ihr könne man kommen mit allen Problemen. Sie hatte keine professionelle Ausbildung, aber sie war Beraterin für eine ganze Studentengeneration.

W.: Die Sehnsucht junger Frauen, eine Ältere zu kennen, die ein bisschen was vom Leben einer Frau weiß, ist sehr groß.

R.: Gewiss. Und das sind nicht irgendwie speziell ausgebildete Frauen, sondern Frauen, die Lebenserfahrung haben und sie weiterzugeben wissen. Und die diese geistige Mütterlichkeit leben.

W.: Gerade beim Thema Lehrerin ist ja auch sicher noch heranzuziehen, was in den letzten Jahrzehnten in den Bürgerinitiativen, in der Friedensbewegung, in der Frauenbewegung geleistet worden ist. Da waren nicht wenige Lehrerinnen darunter, die redegewandt sind, die auch denken können, die argumentieren können, die ihr Engagement artikulieren können. Ich glaube, all diese Bewegungen wären ohne Frauen überhaupt nicht denkbar.

R.: Da ist eine ungeheure Bildungsarbeit im tiefsten Sinn geschehen, an einer ganzen Generation. Und viele, die aus den verschiedensten Berufen kamen, haben entdeckt, dass sie diese gemeinsame Qualität haben, die Qualität der geistig-seelischen Mütterlichkeit: dass man eine Andere umsorgt und wirklich begleitet, für sie da ist und sie auch sieht in ihrer Eigenart und Einzigartigkeit. Und da gibt es natürlich dann noch weitere Möglichkeiten, die mehr in Richtung einer heilenden Qualität gehen, es gibt Therapeutinnen auf allen Ebenen – das kann zum Beispiel auch eine Yogalehrerin sein, wenn sie eine gewisse menschliche Ganzheit verkörpert.

W.: Es gibt ja Frauen, die in der zweiten Lebenshälfte – gerade wenn sie aus dem Beruf ausgestiegen sind – noch eine Heilpraktikerinnenausbildung machen.

R.: … wo sie viele weibliche Heiltraditionen, alternative Medizin, sanfte Medizin usw. wieder entdecken und einander weitergeben.

W.: Nach der alten Tradition der Kräuterhexe.

R.: Gewiss, da wollte ich auch drauf hinaus. Und die dann auch selber eine ganze Menge lernen wollen und solche Traditionen ausgraben. Aber wir sind ja noch bei der geistig-seelischen Mütterlichkeit.

W.: Es gehört ja zum Mütterlichen das Bewahrende, das Nährende, das Umsorgende, aber natürlich auch immer das Heilende. Das gehört ja eigentlich immer zusammen.

R.: Sicher, und vor allem gehört zum Mütterlichen, meine ich, das fraglose Annehmen dessen eben, was jemand geworden ist und wie jemand daher kommt. Da muss nicht eine Vorauswahl vorgenommen werden. Das ist immer unter Frauen da gewesen, das ist auch in der Freundschaftskultur der Frauen immer da gewesen, dieses fraglose Akzeptieren eines Menschen, aber ich denke, dass es gerade in den letzten Jahren viele in sich entdecken, als Qualität, und dass sie dabei auch mütterliche Freundinnen werden für die Jüngeren.

W.: Das heißt, es ist auch eine große Integrationsfähigkeit da bei mütterlichen Frauen, gerade auch bei den älteren?

R.: Unbedingt. Und das ist eine Qualität, die auch der Frau, die keine Familienfrau ist, die keine eigenen Kinder hatte, zuwachsen kann. Wenn sie diese innere Mütterlichkeit kommen lässt, ist das auch ein Stück Erfüllung für sie selbst – und, wie gesagt, der Bedarf ist unendlich.

W.: Mir fällt auch ein, es ist wohl im Jahr 2004 gewesen, da bekam die Afrikanerin Wangari Muta Maathai den Friedensnobelpreis. Sie setzt sich in Kenia für die Aufforstung der Wälder und damit für die Verbesserung des Klimas ein. Das ist für mich eine Mütterlichkeit für die ganze Erde.

R.: So ist es. Das meine ich natürlich auch mit, dass sich die Mütterlichkeit nicht nur auf die Menschen auswirken kann, sondern Verantwortung bedeutet für das Leben überhaupt. Für Tiere wird gerade von Frauen sehr viel unternommen, das ist ebenso bemerkenswert wie das, was es für die Erhaltung des ökologischen Gleichgewichts alles an Engagements gibt! Ich erinnere auch an die Südamerikanerin, die Indianerin Rigoberta Menchú, die da wie eine Mutter wird für ihr ganzes Volk, für dessen Rechte sie eintritt. Viele Frauen wachsen in diesen Jahren dann über sich hinaus, weil sie neue Freiheiten gewinnen, auch in unserer Kultur hier, und zwar sind es gerade die älteren Frauen als diejenigen, die nicht mehr so in die Institutionen eingebunden sind: Sie zeigen oft einen Löwenmut, für etwas einzutreten, was man ihnen früher in ihrem Betrieb oder in ihrer Kirche furchtbar übel genommen hätte.

W.: Neulich sah ich eine Reportage über eine Frau, die eine Farm für alte Esel aufgezogen hatte. Und so glücklich wie diese Frau habe ich selten eine gesehen, die also darin aufgeht und alles investiert, aber mit ihren alten Eseln ist sie zufrieden.

R.: Ich habe eine Franziskanerin, eine Ordensfrau, begleitet, die in ihrem Orden eine Depression bekommen hatte, weil die Institution zu eng war für sie. Sie ist dann schließlich ausgetreten, in ihren Mittfünfzigern unendlich mutig, und ist geradezu eine Freundin der Tiere geworden, die auch mit dem Tierschutz zusammenarbeitet. Man kann wirklich jedes kranke Tier zu ihr bringen, und sie sucht sie sogar in den Wäldern, oder sie laufen ihr zu. Sie ist fast ein bisschen wie eine Franziskanische Weltheilige geworden, nachdem sie ihr Kloster verlassen hatte. Auch das ist etwas Typisches.

Damit komme ich zu der naturverbundenen Frau, die irgendwie im Zusammenhang mit der Artemis steht.

W.: Wer ist Artemis, und was ist das heute?

R.: Sie war eine Göttin der Natur, der Tiere. Sie war eine freie Göttin, die auch im griechischen Himmel nicht als verheiratet galt, sondern sie ist mit ihrem Gefolge von Frauen in der Natur herumgezogen und ließ sich einfach nicht einfangen. Und da kenne ich einige Frauen auch heute, die das irgendwie leben und verkörpern. Ich denke jetzt vor allem an eine, sie war von früh auf mit der Natur verbunden, hat sehr viel gewusst, Pflanzen gekannt und Früchte, war auch immer wieder in der Natur unterwegs, brachte Beeren mit heim, Pilze usw. Sie war mit den Tieren auch sehr verbunden und wanderte allein, oft stundenlang. Und an dieser Frau, obwohl durchaus offen für Begegnungen mit Männern, und sie hatte auch sehr intensive Begegnungen, war das Besondere: Sie war freilassend und freibleibend. Das bedeutet nicht, dass ihre Beziehungen gleich wieder auseinander gegangen oder nur flüchtig gewesen wären, sie waren tief, aber nicht Besitz ergreifend und verlangten nach keiner Institutionalisierung. Diese Frau ist später in eine Tätigkeit hineingewachsen, wo sie für Frauen in aller Welt gereist ist und Verknüpfungen anbahnte auch im Rahmen eines großen ökumenischen Werkes. So ist sie in der ganzen Welt tätig gewesen, was ja auch nur eine Frau tun kann, die keine so starke Verpflichtung am Ort hat.

Das ist für mich ein Frauentyp, der sich einfach nicht ableitet von der Beziehung zum Mann, auch nicht von der Familie, dabei aber sehr weiblich ist und in ganz dichtem Kontakt zur Natur. Sie war zum Beispiel eine Zeitlang arbeitslos. In der Zeit hat sie sich mühelos durchgeschlagen, indem sie ihre Freude hatte am Sammeln von Früchten, Beeren und Pilzen und am Beackern eines Stückes Land – dem ist sie gefolgt und hat so keine spürbare Not gelitten. Sie hat vielmehr in der Zeit ein Fernstudium gemacht. Es fiel auf, dass sie nie eine bedürftige Frau war, und sie machte sich eigentlich auch nie abhängig.

W.: Also der Typ der Abenteurerin auch, der Globetrotterin. Es gibt ja auch Frauen, die sich zwei Jahre lang in den Dschungel setzen, um Affen zu beobachten.

R.: Ich kenne eine, die durch Syrien wandert, weil sie das interessiert. Da wandert sie. Aber mir ist wichtig, dass genau diese Frauen auch Funktionen in unserer werdenden Weltgesellschaft wahrnehmen, wie sie die gebundeneren Familienfrauen so gar nicht wahrnehmen können.

W.: Gerade im Naturschutz zeichnen sie sich besonders aus, aber sicher auch in politischen Bereichen.

R.: Ja, und sie haben eben diese alte Kraft der Artemis, die sich einfach nicht aus ihrer Bindung an den Mann oder von der Meinung des Mannes her versteht, sondern aus sich selbst heraus als Frau. Das heißt natürlich auch, dass sie sich als Frau selbst achtet. Sie muss in keiner Weise eine burschikose Frau sein, sondern eine Frau mit großer Wärme und großer Freundschaftsfähigkeit. Das ist der Typ, von dem ich glaube, dass er stärker kommt und dass er von unserer Welt auch wirklich gebraucht wird.

W.: Schauen wir uns noch einen weiteren Aspekt des weiblichen Prinzips an. Sie sagten, das sei die Schwesterlichkeit, auch eine gewisse Androgynität. Können Sie dafür auch Beispiele benennen?

R.: Schwesterlichkeit heißt ja auch Bezogenheit, auf Geschwister beiderlei Geschlechts, sie sehr ernst nehmen und im Rahmen der Zusammengehörigkeit und eines geschwisterlichen Teamgeistes mit ihnen zusammenarbeiten. Mir fällt eine Frau ein, die ist tätig in einer Bank, und zwar keineswegs in leitender Stellung. Aber immer, wenn wir uns treffen, erzählt sie, wie sie sich bemüht, in diesem Team einfach mehr Kontakt, mehr Persönliches, auch eine gute Atmosphäre zustande zu bringen, ein bisschen etwas Festliches, aber sie ist zugleich auch eine hervorragende Mitarbeiterin. Und da fiel mir auf: Wir Frauen schauen ja oftmals die Männer auch als große Brüder an. Sie aber ist die große Schwester für die Männer, auch für die vielleicht etwas schwächeren Männer, die Fehler haben oder die nicht solche Spitzenkräfte sind, die sieht sie. Und da ist sie – ich weiß nicht, ich kenne sie nicht gut genug, um zu wissen, ob sie vielleicht auch jüngere Brüder gehabt hat – sie ist richtig eine zuverlässige, liebevolle, verstehende Schwester. Und ich finde, das bringt gerade in diese Bankbelegschaft, wo es ja oft recht trocken zugeht, jedenfalls leistungsbezogen, auch hart miteinander konkurrierend, einen anderen Klang hinein. Denn dort, scheint mir, ist es wichtig, dass man nicht zuerst das erotische Spiel zwischen den Geschlechtern, so schön es ist, hervorkehrt, weil es dadurch auch wieder Störungen gäbe im Team; es geht vielmehr vor allem um Vertrauensbildung, Vertrauen zueinander zu haben, sich anvertrauen zu können. Es geht um Verlässlichkeit und mal mit Schwächen zueinander kommen zu können und sie miteinander auffangen zu können. Das scheint mir ein gutes Beispiel für Schwesterlichkeit, Geschwisterlichkeit einer Frau, auch mit den Männern zusammen.

W.: Nun ist in der Frauenbewegung ja das Thema Schwesterlichkeit und Solidarität zwischen Frauen als großes Ideal genannt und eingefordert worden. Es hat sich in der Realität gezeigt, dass es so einfach nicht zu schaffen ist, und trotzdem hat es natürlich sehr viel bewegt. Ist denn die Frau wirklich fähig – es geht ja speziell um Frauen –, mit anderen Frauen wirklich schwesterlich und solidarisch umzugehen? Oder woran hängt es, dass es doch ab und zu knirscht?

R.: Die Frau ist nicht immer und nicht überall schwesterlich, schlicht weil sie ein Mensch ist. Aber es sollte doch möglich sein, und ich habe wirklich genügend Beispiele, dass sie jedenfalls nicht weniger schwesterlich zur Frau wie zum Mann sein kann. Es ist allerdings auch hier eine Voraussetzung, dass sie sich als Frau eben nicht so stark nur von ihrer Wirkung auf den Mann und von dessen Akzeptanz ableitet. Dadurch käme nämlich im Arbeitsteam sofort wieder Konkurrenz auf, die für Frauen meistens das Schwierigste ist. Wenn Frauen sich in ihrem Frausein selber achten, dann ist es auch möglich, die andere als Schwester zu nehmen. Ich finde, es hängt auch an der Familienstruktur der Herkunftsfamilie, aus der eine Frau kommt. Wenn ich Schwestern hatte, mit denen ich nicht nur in Konkurrenz umging, sondern wo auch ein Zusammenhalt war, wo man einander mochte und einander vieles verdankte, da kann ich das auch im Arbeitsteam und sonst wo. Ich möchte geradezu sagen: Es besteht unter Frauen eine Kultur der Freundschaft, wie sie die Männer nur selten haben. Meine Freundin und Kollegin Verena Kast hat einmal eine Umfrage organisiert, und zwar vor Kaufhäusern, wo jedermann und jede Frau anzutreffen ist, aus allen Schichten, und die Passantinnen befragen lassen, ob sie eine Freundin hätten. Das überraschende Ergebnis war, dass 80 bis 90 Prozent der Frauen in allen Schichten Freundinnen haben, und zwar solche Freundinnen, denen sie sich wirklich anvertrauen und wo es auch im Alltag eine sehr große Kultur selbstverständlichen Einander-Beistehens gibt, so das man sich wirklich hilft in kleinen und großen Nöten und dass das eigentlich als selbstverständlich gilt.

W.: Darauf ist ja in der Frauenbewegung und gerade von lesbischen Frauen aufmerksam gemacht worden. »Ihr Heterofrauen, macht euch bewusst: Die wichtigsten Beziehungen für euch – auch wenn ihr einen Mann liebt – sind andere Frauen.«

R.: Viele halten ja den Mann nur aus, weil die Freundinnen ständig auffangend im Hintergrund stehen.

W.: Damit haben die lesbischen Frauen, die dafür natürlich einen noch stärkeren Sinn haben, sicher etwas ganz Wichtiges wahrgenommen.

R.: Es ist richtig, dass dadurch die Anderen überhaupt erst gemerkt haben, was sie an der Frauenfreundschaft haben, denn weit über alles Lesbische hinaus ist es einfach eine Selbstverständlichkeit für ganz viele Frauen, eine oder mehrere nahe Freundinnen zu haben. Man hört ja immer so schön: »Ich hatte Krach mit meinem Mann, aber dann habe ich bei meiner Freundin angerufen, und da sind wir hinter das und das gekommen, und jetzt gehe ich es anders an, und jetzt klappt es auch mit dem Mann wieder besser.« Das scheint doch eine Hintergrundskultur zu sein, und von daher ist es eben nicht nur illusionär, dass Frauen miteinander können, vor allem, wenn sie auch noch ein bisschen bewusst darauf achten, dass sie sich einfach nicht in Konkurrenz hineintreiben lassen, die nämlich wirklich eine Folge solcher »abgeleiteten Identität« ist, wie wir immer sagen, nämlich dass sie sich zu sehr von dem her verstehen, welche unter ihnen dem Mann am meisten bedeutet. Und viele haben ihr Selbstbild davon abgeleitet.

Es gibt auch eine geistig-seelische Arbeitsgemeinschaft unter Frauen. Ein Beispiel dafür ist, wie Dorothee Sölle und Luise Schottroff miteinander gearbeitet, auch Bücher miteinander geschrieben haben, und Dorothee Sölle hat das auch in ihrer Biographie erwähnt, dass Luise Schottroff ihre beste Freundin gewesen sei, in den letzten Jahren jedenfalls. Und wie sie zugleich mit ihrem Mann Fulbert Steffensky auch eine wirklich geschwisterliche Arbeitsgemeinschaft hatte. Dass die beiden zum Beispiel an dem Thema »Glück« miteinander gearbeitet in den letzten Jahren und miteinander Tagungen gestaltet haben. Man könnte verschiedene Paare noch nennen, die etwas miteinander aufgebaut haben: Graf Dürckheim und Maria Hippius in Rütte, das Ehepaar Massa in dem Ökumenischen Zentrum Neumühle im Saarland, das ist eine gestaltete und gestaltende Geschwisterlichkeit, die zu einem Werk geworden ist.

W.: Nun haben wir also drei Aspekte des weiblichen Prinzips betrachtet: die seelisch-geistige Mütterlichkeit, den Typ der Artemis und den Aspekt Schwesterlich-

keit. Nun hat eine Schülerin von C.G. Jung, Toni Wolff, gesagt, es gehöre zum großen Archetyp des Weiblichen noch die Mediale. Fällt Ihnen dazu noch etwas ein?

R.: Die Mediale, das ist die, die bezogen ist auf Kräfte, die nicht einfach greifbar sind, sondern aus dem Hintergrund, aus der Tiefe der Wirklichkeit heraus wirken, also mit Geistern, mit Engeln, auch mit Gott selber vielleicht, die Strömungen und Kräftefelder zwischen den Menschen erahnt, die nicht jeder spürt. Ich denke, das ist die Frau, die primär bezogen ist auf solche Wirklichkeiten, die überpersönlicher Art sind.

W.: Ich habe mir immer vorgestellt, die Mediale könnte so etwas sein wie Lou-Andreas Salomé, die ja zu Nietzsche und Rilke und zu Freud Kontakt hatte und selbst so diese Epoche geradezu verkörpert. Oder auch die Frauen der Romantik wie Henriette Herz, die praktisch Inbegriff sind einer ganzen Epoche. Wäre das auch die Mediale?

R.: Man könnte es so nennen. Frauen, die erspüren, was in der Zeit liegt, auf der tieferen Ebene, aber auch Antennen für die Menschen haben, die da in einer Zeit bestimmend sind. Die nicht nur ganz persönliche Beziehungen suchen, sondern eigentlich im Dienst dessen stehen, was man früher Zeitgeist nannte.

W.: Die ja auch schicksalhaft in den Zeitgeist hineingestellt sind.

R.: … in die Zeitströmung, würde man heute vielleicht eher sagen, wo sie die Menschen erspüren, die hier bedeutsam sind.

W.: Nun habe ich gehört, bei den Indianern sei es so, dass erst die Frau in der zweiten Lebenshälfte, wenn sie den Menstruationszyklus hinter sich hat, eine schamanische Initiation bekäme. Dass sie erst jenseits der Fruchtbarkeitsphase sich erst richtig der geistigen Welt öffnen könne.

R.: Ich weiß es nicht im Einzelnen, könnte es mir aber gut vorstellen. In der Wirklichkeit ist es tatsächlich so, dass viele Frauen jenseits der Fünfzig für diese Bereiche ein besonderes Gespür bekommen und davon fasziniert sind. Ich kenne eine ganze Reihe Frauen, die in der Zeit angezogen sind von Kräften, die hinter der Tageswirklichkeit stehen. Früher hätte man gesagt: Das ist die gottunmittelbare Frau, die nicht primär die Partnerschaft sucht, sondern Kontakt zu den Kräften, die das Leben aus der Tiefe oder aus der Höhe bestimmen und die darin sich auch als Vermittlerin versteht. Ich könnte sie auch die Priesterin nennen.

W.: Für uns kaum noch anschaulich, weil es schon so lange keine mehr gibt.

R.: Aber es scheint mir ein neuer Frauentyp im Kommen, der nicht darauf wartet, ob beispielsweise die katholische Kirche ihr das Priesteramt endlich überträgt, in das sie ja dann vielleicht gar nicht hineinpassen würde als rechte Frau, sondern die sich als freie Vermittlerin von transzendenten Kräften in die Tageswirklichkeit der einzelnen Menschen hinein versteht, die so eine Art priesterliche Funktion ausübt.

W.: Das hat sich sogar sehr verstärkt, dass Frauen gerne Rituale feiern. Da gibt es begabte Frauen, die das besonders gut können und eine Priesterinrolle ausüben.

R.: Das finde ich eine interessante Entwicklung, die natürlich auch Auswüchse zeitigt, aber im Grunde finde ich es nicht schlecht, dass Frauen diese Funktionen wieder suchen und ihre Fähigkeit dazu spüren.

W.: Und ja auch geradezu gesucht werden.

R.: Ja, das werden sie: gesucht! Und das kann natürlich bewirken, dass die Eine oder Andere eine gewisse Inflation erlebt – wir haben da ja auch schon einige etwas wunderliche Gestalten erlebt, ich möchte jetzt keine Namen nennen. Es kann übrigens auch aus dem Therapeutinnenberuf heraus so eine Inflation erfolgen.

W.: Können Sie bitte noch einmal erklären, was Inflation in dem Zusammenhang ist? Das ist ein ganz wichtiges Thema für unsere Zeit.

R.: Dass man sich zu stark identifiziert mit einer überpersönlichen Macht. Das kann einem auch innerhalb des Christentums passieren, dass eine meint, es spräche durch sie hindurch Jesus selbst. Aber es gab auch Frauen, die sich als Priesterinnen der großen Mutter verstanden und dabei mindestens so vereinnahmend und gelegentlich auch verbiegend waren wie nur irgendeine Macht besessene Mutter. In der Tiefenpsychologie warnt man immer davor, dass sich jemand mit einem Archetyp, also mit einem überpersönlichen Kraftfeld oder einer Person, zum Beispiel mit der der »Alten Weisen« identifiziert. Man kann sich mit der Alten Weisen in einer Art identifizieren, dass man Diskussionen nicht mehr zulässt. Das kann natürlich Männern ebenso passieren. Da gibt es einen Spruch in der Weisheitsliteratur der Bibel:»Wer meint, weise zu sein, der sehe zu, dass er nicht sein bisschen Klugheit verliert.« Ich habe auch das köstliche Gebet, das Teresa von Avila zugeschrieben wird, kürzlich wieder gelesen. Da bittet sie Gott darum, ihr dabei zu helfen, dass sie die große Menge an Weisheit, die sie in ihrem Leben angesammelt hätte, doch bitte nicht so weitergeben möge, dass sie darüber ihre Freunde verlöre – also dass sie ihre Weisheit den anderen »überbräte«. Das nennen wir Inflation, wenn man sich identifiziert, statt in Beziehung zu treten zur Weisheit oder auch zu einer großen Persönlichkeit oder auch einer göttlichen Kraft...

W.: ...oder einem Engel oder gar Gott.

R.: Ja, das geschieht heute nicht selten. Was auch immer vom Channelling zu halten ist, es birgt jedenfalls auch die Gefahr in sich, dass man sich selbst mit einer transzendenten Macht verwechselt und dass die Aussagen, die man dabei macht, dann nicht mehr hinterfragbar sind. Dann werden sie autoritär und können auch gefährlich werden für andere Menschen. All das geht um und kann eine Gefahr sein für die Frau in dieser Lebensphase, aber nichtsdestotrotz ist es auch eine ganz große und kostbare Chance für sie, wenn sie sich in ein Kräftefeld, ein Energiefeld hinein tastet und hinein spürt, das über das rein Private hinausführt, vor allem auch in den weiten Raum der Natur hinein. Ich glaube, da gibt es sehr viel zu entdecken und wieder in den Alltag zu holen, was wir im Allgemeinen nicht so parat haben.

W.: Bei allem, was in der zweiten Lebenshälfte an Möglichkeiten aufbricht und realisiert werden kann, ist die Endlichkeit doch auch immer ein Thema. Nun haben fast die ganze abendliche Theologie und Philosophie, aber auch andere Meister immer gesagt: Der Anfang aller Spiritualität sei die Erkenntnis der Sterblichkeit des

Menschen, das heißt der Tod. Ist das aber nicht sehr männlich gedacht, sehr vom Ego her? Könnte nicht aus weiblicher Perspektive auch eine andere Form von Spiritualität denkbar sein? Etwa ein Einstimmen in die natürlichen Lebensprozesse von Werden, Vergehen und Neuwerden?

R.: Ja, nun kann man natürlich das Wissen um den eigenen Tod als einen natürlichen Vorgang nehmen. Es ist die Frage, wie man darum weiß. Ich glaube auch, dass dieses Wissen einen befreien kann von einer Egozentrik, es streicht sie ja auch einfach durch. Die Frage ist eben, wie man den Tod sieht, ob das nur ein Vernichter ist oder ob, bei einem ökologischen Denken, der Tod auch natürliche Folge eines Lebensprozesses ist, mit Aufblühen und Abklingen, mit einem Sich-erschöpfen-Dürfen, wie es bei jeder Pflanze, bei jeder Frucht ist; ob das also als natürlicher und im Grunde sanfter Vorgang gesehen wird und auch ökologisch insofern, dass er Raum schafft für neues Leben, für die nächsten Generationen. Ich habe mit Dorothee Sölle wenige Wochen vor ihrem Tod darüber gesprochen. Sie sagte: »Das ist doch nichts weiter als die Probe aufs ökologische Denken, dass ich meinen Platz, meine Zeit habe innerhalb des Lebens und auch wieder gehen darf und dass dann sicher etwas von mir auch weiter wirken wird in dieses Leben hinein, aber nicht unbedingt ich als Person.« Sie sagte: »Es ist auch gar nicht so wichtig, was aus mir dann wird, sondern es ist ein Zurücktreten-Müssen aber auch -Dürfen, um einen größeren Lebenszusammenhang zu ermöglichen.« Das befreit geradezu von Ichhaftigkeit, aber es ist auch zu denken in einer natürlichen Weise, so dass es uns auch erlaubt, uns loszulassen. Es würde dem Einzelnen erlauben, loszulassen auch von irgendwelchen Ideen, zum Beispiel von der, immer etwas leisten zu müssen, immer fit bleiben zu müssen, sondern es liegt auch eine Erlaubnis darin, schwächer zu werden, nicht mehr so viel nützen zu müssen, es erlaubt auch, Hilfe anzunehmen, was manche Menschen gar nicht recht können, statt sich daran zu freuen, wenn geholfen wird. Es würde erfordern, aber auch erlauben, das bisherige Selbstbild loszulassen, man darf ja als älterer Mensch ein bisschen wunderlich sein, sogar närrisch. Also, da zu sein ohne etwas darstellen zu müssen. Es scheint mir aus diesem ökologischen Denken hervorzugehen, dies bejahen zu lernen. Natürlich wird jeder froh sein, so lange alles funktioniert, so lange man seine Glieder gebrauchen kann, so lange der Geist funktioniert. Aber es gehört eigentlich dazu, zuzulassen und wahr sein zu lassen, dass da auch etwas nachlassen darf. Das scheint mir zu diesem ökologischen Gedanken zu gehören. Da gehört natürlich auch ein Trauern-Dürfen dazu, den Verlust wahr sein zu lassen.

W.: So lange es dieses körperliche Dasein angeht, halte ich dieses Vergehen für etwas ganz Selbstverständliches. Es ist ja auch faktisch so. Das wird niemand bestreiten. Die Frage darüber hinaus ist ja immer: Was wird mit meiner ganzen Weisheit? Was wird mit meinem Wissen? Ist das verloren? Ist da ein Subjekt, das auch jenseits des Todes existiert oder nicht? Aber diese Frage wurde bisher sehr maskulin gestellt, und es ist noch nicht ausgesprochen, ausgedacht, ausgemalt, was aus weiblicher Sicht ergänzend dazu gesagt werden könnte.

R.: Da stoßen wir natürlich schlicht an eine Grenze des Wissens, wir können nur an etwas glauben. Für mich ist die Vorstellung wesentlich, dass wir ja etwas eingebracht haben, nicht nur durch große geistige Leistungen, sondern auch durch das, was wir sind und waren unter Menschen, dass dieses ganze Netzwerk der menschlichen Begegnung durch uns ja nicht unberührt geblieben ist, wenn ich es einmal rein innerweltlich sehe. Es ist für mich auch ein Stück Bescheidung, das so annehmen zu können, dass nur davon möglicherweise etwas bleibt. Dass das, was ein Leben ausgemacht hat, nicht verloren geht, sondern in dieses Netzwerk des Lebens bereits eingegangen ist. Es ist ja auch jetzt schon eingegangen, was wir in unseren 40er, 50er Jahren gemacht haben – aber nicht nur als Gedankengut, sondern auch wie wir sind, wie wir waren, wo wir jemanden gern hatten, wo wir jemanden verstanden haben, das hat alles dieses Netzwerk verändert. Für mich ist das jetzt nicht unbedingt eine Auskunft auf die Frage » Wo soll es hingehen?« Ich denke, es geht in etwas hinein. Ich weiß nicht, wie ich mir das eigentlich vorstellen soll. Es übersteigt meine Vorstellungskraft, mit der unendlichen Vernetzung des Lebens zu rechnen. Sie erscheint mir aber so differenziert und so dicht, dass es für mich eigentlich gar nicht so wichtig ist, ob ich eines Tages noch am Leben sein werde oder nicht. Das ist jetzt so eine Ahnung, ein Blitzlicht.

Ich bin gar nicht so sehr daran interessiert, zu wissen, was dann aus meiner individuellen Existenz wird. Ich werde es eh nicht herauskriegen, und deshalb lebe ich zunächst einmal prophylaktisch so, dass es darauf gar nicht ankommt. Das hängt auch so ein bisschen mit diesem natürlichen Prozess zusammen, der für mich das Leben ist, das den Tod enthält. Ich habe mir ganz abgewöhnt, von dem etwas abhängig zu machen, was nach dem Tod kommt. Es muss auch aufgehen, wenn ich in aller Ruhe mich auflösen dürfte.

W.: Wenn man ausatmet, und man ist eben wieder da, wo man herkam …

R.: An sich erschreckt es mich nicht so stark, jedenfalls nicht jetzt, wer weiß, wie ich mich dann anstelle, wenn es nahe kommt, das kann man auch nicht vorwegnehmen ... Wir wissen durch die Nahtodforschung auch, dass es vermutlich bewusstseinsmäßig so aussieht, dass wir wie durch einen Tunnel hindurchgehen, da zwängen wir uns sicher recht bange hindurch, und dass wir dann in irgendeine Lichterfahrung gehen. Dann bleibt wahrscheinlich die Zeit stehen. Und da sind wir dann.

Da geht dann das, was wir kennen, nicht mehr weiter. Und wenn das jetzt ein letzter Moment gewesen wäre, auch das werde ich vorher nicht erfahren, dann bin ich eben da angekommen. Und darum fürchte ich individuell wenig.

W.: Das meine ich eben, dass dieses ganze Individualitätskonzept eben ein sehr maskulines ist. Und da könnten wir Frauen doch mal versuchen, das anders zu sagen.

R.: Aber das ist es in etwa. Wir können das noch einmal unterstreichen, dass das eine weibliche Sicht ist, die ja auch sowieso mehr gewohnt ist, das Leben so zu nehmen, wie es ist. Beispielsweise ist eine Frau eines Tages schwanger, manchmal auch im ungünstigsten Moment oder auch wenn die Beziehung noch gar nicht so weit war, wie sie es sich wünschte. Und die rechte Frau sagt, ich nehme das jetzt mal als Gabe des Lebens an, ich schaue, wie ich zurechtkomme. Ich verstehe auch die, die sagen, ich kann es im Moment nicht schaffen, was dieses neue Leben mir zumutet, aber es ist immer wieder auch weiblich, zu sagen: Ich nehme es an. Und dann passiert mir auch, was weiß ich, was ich mir nie ausdenken konnte. Wie sagte meine Großmutter, als sie merkte, dass sie bald sterben müsste? Sie hat mir sowieso vieles Schöne gesagt. »Sterben müss' mer halt alle. Da bringst dich auch nit um.« Sachen, die alle Menschen erleben, die gehören einfach dazu.

W.: Ich kenne auch ein ganz entzückendes Wort in dem Zusammenhang: »Was kommt, wird gewickelt.« Wenn man irgendetwas Schweres erlebt, eine Krankheit oder einen Sterbefall oder auch eine Geburt. Seit Millionen Jahren haben Menschen das erlebt. Warum soll ich das jetzt nicht können? Das ist doch so ein weibliches Denken. Ja, das gehört halt dazu. Das haben auch schon andere durchgestanden, da werde ich es wohl auch schaffen.

R.: Wogegen wir uns ja auch wehren ist eine gewisse christliche Tradition, die den Tod zu einem Gespenst gemacht hat. An sich ist das ja gar nicht christlich, das ist nur eine volkstümliche Verbiegung.
Jesus hat es am Ährengleichnis anders gezeigt: Wenn das Samenkorn nicht in die Erde fällt und stirbt, dann kann es nicht Frucht bringen. Davon könnte man dieses ökologische Denken ableiten. Das Samenkorn fällt nicht als Martyrium auf die Erde, sondern weil es reif ist. Weil es reif ist, und dann bringt es Frucht. Ich finde diese Perspektive auch sonst in manchen Prozessen des Lebens, die die Leute so leicht als Scheitern betrachten. Da frage ich mich manchmal, ob das nicht ein natürlicher Prozess ist. Viele Beziehungen zum Beispiel haben ihre intensive Zeit, werden gelebt, bereichert beide, haben sie in der Entwicklung weitergebracht, und dann klingen sie ab. Wieso sind sie eigentlich gescheitert? Man könnte ja auch sagen: Das fällt jetzt wie ein reifer Apfel vom Baum, und jetzt müssen wir offenbar weiterziehen. Eine Phase ist zu Ende. Dann kann es ja weitergehen. Aber wenn man sich bei solchen Phasenwech-

seln schon so aufregt, dass man alles zertrümmert, ist das nur ein kleines Beispiel für das, was im Großen auch geschieht.

W.: Jeder Mensch wehrt sich gegen Wandlung, weil es ja weh tut. Diese Haltung des Gelassenseins muss man erst erwerben. In unserer Kultur muss man sie erwerben, sie ist nicht da.

R.: Und das Altern ist eine hohe Schule des Loslassens. Diese Wandlung annehmen, die Wandlung zum Schlechteren, das machen wir ja auch nicht freiwillig und können es auch nicht freiwillig. Man kann es aber als einen Lernweg nehmen, nicht nur als eine Plage. Es gibt ja alte Frauen, zu denen man sehr gerne hingeht, weil sie einfach etwas Gelöstes haben. Weil sie zuhören können, weil sie die Dinge nehmen, wie sie sind, und oft auch einen Schuss Humor haben. Das ist die eine Seite. Die andere Seite: Es gibt alte Frauen, zu denen bringen einen keine zehn Pferde hin, bzw. man muss sich hinprügeln, auch wenn es nahe Verwandte sind. Warum? Weil einem eine einzige Vorwurfshaltung und Verbitterung entgegenschlägt. Man kriegt alles erzählt, was nicht mehr ist, was nicht mehr geht. Ich finde, da gibt es eine Schere. Und es ist nicht leicht, das zu lösen: Ob man aus diesem Loslassen-Müssen ein einziges Verlieren macht, oder ob diese Schule des Loslassens auch in eine Freiheit führt.

W.: Die Frage ist – die Tausend-Dollar-Frage, sagt man oft –: Welche Ressourcen, welches Schicksal, welche Veranlagung befähigt die einen, diese Schere nach der einen Seite zu öffnen, die dann zu dieser heiteren, freundlichen, liebevollen alten Dame führt, oder welches Schicksal ist es, das solche schrecklichen Resultate hat?

R.: Das werden wir natürlich nicht herauskriegen, und ich kann es ja auch nicht für alle beantworten. Ich merke nur, den einen gelingt es in der Weise, und das ist einfach anziehend. Ich möchte sehr gerne, dass ich nicht zu denen gehöre, die verbittert sind. Aber ich weiß als Psychologin sehr gut, dass eben unglückliche Voraussetzungen es begünstigen, dass man das Altwerden nur als Verlust nimmt. Ich habe aber immer wieder erlebt, dass man auch im fortgeschrittenen Alter noch lernen kann, die Perspektive zu wechseln, und auch immer wieder erfüllte Augenblicke erlebt.

Am farbigen Abglanz haben wir das Leben

R Ingrid Riedel
W Hildegunde Wöller

W.: Eines der am weitesten verbreiteten Bücher unter den zahlreichen Titeln, die Ingrid Riedel geschrieben hat, handelt von den Farben. Von Farben als Strahlungskräften, als Energien, die wir Menschen in der Natur erleben und die uns beeinflussen und bewegen. Heute möchte ich nun erfahren, ob Sie, Frau Riedel, Ihr Leben, Ihre Persönlichkeit und Ihr Wirken, durch die Farben erfasst werden können. Beginnen wir mit der Farbe Rot. Der Farbe des Feuers, der Energie, der Leidenschaft und des Eros. Was hat Sie am Beginn Ihres Lebens, Sie sind 1935 geboren; was hat sie in Ihren jungen Jahren so erregt und fasziniert, dass Sie sich gleich zwei Studienfächer vorgenommen haben? Theologie und Literatur. War es die Frage nach Gott?

R: Es war die Frage nach Gott, aber im Sinne einer Frage nach »dem Leben selbst«, wie ich Gott heute nenne. Die Frage brach aus zwei Quellen auf. Aus den Erfahrungen des Kindes, das ich war, das im Zweiten Weltkrieg, im Bombenkrieg aufgewachsen ist, also Fragen nach Sinn, nach Gerechtigkeit, nach der Möglichkeit von Liebe – das war die eine Quelle. Aber die andere Quelle war die Begegnung mit Gleichaltrigen, für die das Leben, wie auch für mich, den Sinn nicht unbedingt schon in sich trug. Wir suchten nach Sinn; ein naher

Freund verunglückte in der Zeit tödlich, und wir sprachen dann lange darüber, ob es vielleicht ein Suizid war. Das waren Fragen, die mich nach einem letzten Sinn fragen ließen.

W: Immer wieder haben die Dichter Sie beschäftigt. Friedrich Hölderlin, Paul Celan, Ingeborg Bachmann, Rose Ausländer. Haben diese Interpreten Ihrer Gegenwart auch Ihr Weltbild beeinflusst und geprägt?

R: Sicher. Aber nicht nur mein Weltbild und mein Lebensgefühl, sondern vor allem auch mein Sprachgefühl. Ich erinnere mich noch an die frühen Bachmann-Gedichtbände »Die gestundete Zeit« und »Die Anrufung des großen Bären«, das war eine Sprache, die mich ergriffen hat und die nach dem Krieg auch irgendwie einen neuen Klang brachte. Da hatte überhaupt jemand seine Sprache wieder gefunden. Gedichte, wie »Die Anrufung des großen Bären« oder auch »Mein Vogel« bedeuten mir bis heute viel. Heute entdecke ich auch neue Lyrikerinnen, obwohl deren Lyrikbände damals schon vorlagen, aber noch wenig bekannt waren, wie Gertrud Kolmar, diese deutsch-jüdische Dichterin, die wunderbare Naturgedichte geschrieben hat, wie ich überhaupt auch den Beitrag des Judentums zur deutschen Literatur immer verfolgt habe und sehr hoch einschätze. Meine Promotion allerdings ging über Uwe Johnson, der ja seine Bücher über die Verständigungsschwierigkeiten im geteilten Deutschland schrieb. Ich hatte also auch ein politisches Sensorium und war an der Stelle auch sehr engagiert.

W: Nun zur Farbe Blau. Sie hat ja etwas Entgrenzendes, hat mit dem Himmel zu tun. Von 1969 bis 1984 waren Sie Studienleiterin an der Evangelischen Akademie Hof-

geismar bei Kassel, und Sie gaben Ihrer Arbeit dort einen besonderen Akzent. In den 70er Jahren veranstalteten Sie dort Pfingsttagungen, zu denen religiöse Sucher aus ganz Deutschland pilgerten. Es waren Tagungen, bei denen die Akademie geradezu überlief und den Park und alle Häuser mit Beschlag belegte. Freunde aus dieser Zeit nannten Sie »die Äbtissin von Hofgeismar«. Was hat Sie veranlasst, die Türen der Akademie so weit zu öffnen, dass da Leute kamen, die sonst mit der Kirche keinen Kontakt hatten?

R: Ich hatte dort natürlich noch anderes zu tun als die Pfingsttagungen auszurichten. Zum Beispiel Tagungen über Themen aus dem ganzen Bereich Kultur hatte ich zu gestalten, auch aus dem Bereich Psychologie und sogar zum Dialog der Weltreligionen. Aber es ist wahr, die Pfingsttagungen waren mir besonders lieb und wichtig, es war ja damals die Zeit der politisch motivierten Studentenbewegung und – vielleicht auch kontrapunktisch dazu, also aus einer Frustration an der Gesellschaft geboren –, kam damals auch die erste Drogenwelle über die damalige Studentengeneration. Es ging da zunächst um psychedelische Drogen wie Haschisch, Marihuana, LSD, man suchte »Bewusstseinserweiterung«. Aber ich vermutete auch die Sinn-Suche dahinter, die ich selber so gut kannte. Die Frage nach dem, was uns unbedingt angeht, wie es Tillich mal ausdrückt. Ich spürte sozusagen die unbewusste religiöse Dimension in dieser ganzen Suchbewegung und versuchte, dem eine neue Spiritualität entgegenzusetzen: Meditation, Imagination, Kreativität, auch im eigenen künstlerischen Gestalten wie spontanem Malen, spontanem Theater, spontaner Musik. Dazu kam natürlich auch das Ausprobieren neuer Formen des Feierns, auch des Gottesdienstes, also Formen, die wir auf der Tagung selbst entwickelten.

Hinzu trat natürlich Reflexion und Diskussion, zum Beispiel über Spiritualität und Politik, das war ein Thema, das immer wieder aufkam – durch Jahre hindurch. Was mich aber eben vor allem interessierte, war grundsätzlich, die Erlebens- und Erfahrungsseite des Religiösen wieder zu entdecken. Ich hatte eben das Gefühl, dass diese Generation sie suchte. Aber in der evangelischen Kirche ist sie ja bekanntlich nicht so stark gefragt. Was mich interessierte, war überhaupt die Psyche, die Seele. Auch das neue Interesse an Psychologie, an Religionspsychologie, das damals aufkam, brachte ich in die Tagungen ein, und sie wurden auch von dieser Generation gesucht, zum Beispiel eben auch in der Begegnung mit den Weltreligionen.

W.: Die Farbe Blau hat ja auch mit Wasser und mit Seele zu tun und Sie haben die Psychologie schon angesprochen. Noch während Ihrer Zeit an der Akademie machten Sie am C.G. Jung-Institut in Zürich eine Ausbildung in Analytischer Psychologie. Was hat Sie dazu bewogen, sich endlich ausschließlich der Tiefenpsychologie zuzuwenden?

R.: Ich hab's im Grunde gerade schon angedeutet: Ich hatte immer das Gefühl, dass der Erlebens-Aspekt, auch zum Beispiel der Religion, zu kurz gekommen war. Nur das Erlebte aber, und zwar nicht nur das an der Oberfläche Erlebte, sondern auch in der Tiefe der Psyche, kann wirklich Sinn vermitteln. Ich hatte selber zu der Zeit einen für mich völlig neuen und überraschenden Zugang zu Träumen gefunden, die mich auch umtrieben, die auch vieles in Frage stellten, was ich bewusst dachte, das war die eine Seite. Die andere war, dass ich eben auch spürte, wie stark viele dieser Menschen, denen ich da in der Akademiearbeit begegnete, und das waren ja oft große Gruppen von Menschen, eigentlich Begleitung als Einzelne suchten. Und ich hatte das Gefühl, ich käme näher zum Menschen und näher zum Menschlichen überhaupt, auch näher zu mir selber, wenn ich die Tiefenpsychologie einbezöge.

W.: Gehen wir gleich zur Farbe Gelb – der Sonnenfarbe. Sie haben einen Professorentitel, zwei Doktortitel, das Diplom des C.G. Jung- Instituts. Sie sind eine akademisch hoch gebildete Frau. Dennoch fällt den meisten, die mit Ihnen zu tun bekommen, nicht zuerst Ihre Intellektualität auf, sondern Ihre Fröhlichkeit, Ihre unverwüstliche Heiterkeit, etwas geradezu Sonniges. Welcher Veranlagung verdanken Sie dies?

R.: Ich weiß nicht, ob es eine Veranlagung ist. Mir fällt dazu als Erstes meine Mutter ein, von der ich mir vielleicht einiges abgeguckt habe. Sie war eine Frau von großer Wärme und mit viel Humor auch in schweren Zeiten, dabei war sie ein Leben lang von einem Nierenleiden umgetrieben, mit vielen Operationen, oft nah am Tod vorbei, und dennoch immer wieder diese innere Heiterkeit. Dazu war überhaupt eine Familie mit fünf Geschwistern da, in der viel gelacht wurde, viel gewandert wurde, auch Ski gelaufen und vielleicht haben wir alle von daher etwas ziemlich Unverwüstliches, was ich mir eben abgeschaut habe. Auch Vater fing im Auto an zu singen, wenn er nur die Berge von weitem auftauchen sah, und auch er hatte sehr viel Witz. Ich denke, da ist eine Prägung entstanden, für die ich allerdings auch sehr, sehr dankbar bin.

W.: Zur Farbe Grün, dem Wiesengefühl, der Farbe der Natur: »Der Archetyp des Grünen in unserer Zeit«, so heißt ein Kapitel in Ihrem Farbenbuch. Sie gehen da auch auf die Ökologiebewegung ein. Und besondere Aufmerksamkeit haben Sie der Farbe Grün in Ihrem Buch über Hildegard von Bingen gewidmet, die ja in einer ihrer Visionen die Weisheit in einem grünen Mantel schaute. Was ist da die Verbindung: Grün, Ökologie, Sophia?

R.: Ja, die Weisheit, so auch die Weisheitsbücher der Bibel, ist die Weisheit vor allem in der Natur selber. Die Weisheit, die in der Schöpfung selber steckt und wieder aufzufinden ist. In den Weisheitsbüchern der Bibel gilt sie sogar an einer Stelle als Mitschöpferin mit Gott und gleichsam als die weibliche Seite Gottes. Ich finde sie auch in der Psyche, zum Beispiel in deren selbstorganisierenden Heilungskräften. Weisheit steckt in allen diesen Vorgängen, und es wäre wohl Weisheit auch, sie wieder aufzufinden und aufzuspüren.

W.: Zum Violett, Farbe der Wandlung: Und sie wurde in den 70er und 80er Jahren die Farbe der Frauen. Verstehen Sie sich als Feministin?

R.: Ich verstehe mich nicht als militante Feministin, bin aber den Anliegen des Feminismus in Gesellschaft und Kirche sehr tief und sehr selbstverständlich verbunden. Ich habe ja auch gelitten unter gewissen Zurücksetzungen der Frau, gerade auch in der Kirche. Violett ist die Farbe des ganzen Menschen für mich, des ganzheitlichen Menschen, in dem Blau und Rot verbunden werden. Also weder Blaustrumpf noch rosa Baby, weder bloß intellektuell noch bloß sexuell wäre die ganze Frau, vielmehr ist sie dies alles miteinander und noch sehr vieles darüber hinaus. Das steckt in der Farbe Violett, und ich finde es sinnvoll, dass sie zur Frauenfarbe gewählt wurde.

W.: 1984 sind Sie dann von der Akademie weg nach Konstanz gezogen und haben dort Ihre eigene Praxis als Psychotherapeutin, später auch Lehranalytikerin und Supervisorin eröffnet, die Sie bis heute inne haben. Bei der Tiefenpsychologie geht es ja ständig um Wandlung, um das fast schmerzhafte Ineinanderfließen von Rot und Blau. Kann ein Mensch sich denn wirklich wandeln?

R.: Aber sicher. Wenn es ihm gelingt, das bisher Ungelebte, das in jedem Leben etwas anderes, das bisher Unrealisierte ist, was im Schatten liegt, also quasi eine andere Farbe als bisher, eine neue, bisher ungewagte kennen zu lernen und langsam im Leben zu realisieren zu wagen. Oft gibt es dann nach vielen kleinen Schritten, die auch jahrelang dauern können, einen qualitativen Sprung. Die Grundanlage eines Menschen bleibt natürlich erhalten, obwohl wir heute auch mit einer sehr flexiblen Identität im Laufe eines Lebens rechnen. Ich finde, Veränderung wäre auch schon dies, dass ich eines Tages bejahen könnte, wie ich nun mal bin, geworden bin und dass ich das, was ich gelebt habe, nicht wegen irgendwelcher Utopien immer wieder entwerte. Schon das ist Wandel. Wenn man zum Beispiel mit älteren Menschen Psychotherapie macht, da kann nicht das ganze Leben umgekrempelt werden, aber wenn es akzeptiert würde, wie es nun einmal geworden ist, so wäre eigentlich doch alles anders.

W.: Die Farbe Braun: die Erdfarbe, Farbe auch der Nahrung. Vor einigen Jahren hielten Sie einen Vortrag mit dem Titel »Geschmack am Leben« und bekamen dafür lebhaften Beifall. Ihre Lebensbejahung ist ja nicht selbstverständlich in unserer Zeit. Sind Sie von Natur aus so oder haben Sie sich dies erarbeitet?

R.: Ja, ich denke beides. Wie gesagt, als Kind im Krieg habe ich den Wert des Lebens, des Überlebens, ganz elementar kennen gelernt. Unsere engere Familie, die tatsächlich nach dem Krieg wieder zusammenkam, trotz Bombenkrieg und obwohl mein Vater in Russland war, war unendlich dankbar und konnte es fast nicht glauben, dass wir, also jedenfalls im engsten Kreis, niemanden verloren hatten. Und das ist wohl so eine Urerfahrung auch. Heute kämpfe ich um das Überleben depressiver und auch suizidaler Menschen. Zum Leben gehört natürlich Lebensqualität, gehören Lebenswerte, ohne diese kann man einen Menschen eigentlich nicht gewinnen fürs Leben. Aber wir stellen immer wieder fest, dass der Lebenswille neu beginnen kann, wenn wir nur unsere fünf Sinne recht gebrauchen. Das ist sogar bei sehr verstörten Menschen, nach Folter oder einer anderen Traumatisierung so, dass sie die fünf Sinne wieder entdecken können, und sei es, dass man solchen Menschen erst einmal eine Zitrone oder einen Pfirsich unter die Nase hält. Also schmecken, riechen, kosten, tasten, weckt zum Leben auf. Und natürlich gehört die Erfahrung von sinnenhafter Liebe dazu, selbstverständlich auch Zärtlichkeit, körperliche Liebe. Über die Sinne, so meine ich, über dieses Schmecken des Lebens gibt es tatsächlich auch einen Weg zum Sinn. Zum erfüllten Leben gehört aber auch eine Lebensleidenschaft, die eng mit der Wahl einer Aufgabe zusammenhängt, für die man sich voll einsetzen kann. Und was natürlich das Schmackhafteste am Leben ist, wäre die Wahl liebenswerter Menschen, mit denen zusammen man etwas aufbauen kann.

W.: »Beseelte Orte« ist der Titel eines Buches, in dem Sie von Orten erzählen, die Sie auf Ihren Reisen fasziniert haben. Das sind Kultstätten, Stätten von Heiligen,

Ruinen oder auch einfach die Natur. Was suchten und fanden Sie an diesen Orten?

R.: Also, an diesen Orten, die ich beseelt nenne, von Chartres bis zu den Tempeln auf Malta, ist es ein Zusammenklingen meiner Psyche, meiner Seele und auch meines Geistes mit solchen Orten. Ich könnte diese Orte auch spirituell nennen. Eben, es kommt da mehreres zusammen: deren Lage in der Natur, die besondere Geschichte, die sie haben, auch die Bauweise solcher Stätten kann dieses Empfinden von Beseeltheit auslösen. Und da klingt etwas zusammen mit mir selber. Und ich stelle auch immer wieder fest, dass die jahrhundertlange Verehrung, die an solchen Orten hängt, so etwas wie ihre besondere Atmosphäre ausmacht und ich meine das manchmal direkt sinnenhaft zu spüren. Mit diesem Buch möchte ich aber vor allem, dass jeder, der sie liest, selber solche Orte entdeckt, die er entweder schon kennen gelernt hat und die ihm jetzt bewusster werden als beseelt oder auch, dass wir aufbrechen, solche Orte zu entdecken. Ich finde das an sich ja eine sehr schöne Bewegung in unserer Zeit, dass wir wieder mehr Sinn für solche Orte haben und dass viele sie aufsuchen. Auch das neu entdeckte Pilgern gehört dazu.

W.: Also ist es eigentlich eine Suche nach sich selbst, wenn man solche Orte aufsucht?

R.: Im Grunde ist es ein Suchen nach sich selbst, und zwar im Sinne der Entdeckung dessen, dass ich zu einem größeren Ganzen gehöre, in dem ich mich auffinden kann, als Dazugehörige. Das ist das Wohltuende. Einem größeren geistig-seelischen Raum, einer größeren Geschichte, auch einer größeren Geschichte der Spiritualität anzugehören als nur der meiner privat gelebten, das finde ich gerade das Schöne: dass es da Orte gibt, die mir sozusagen voraus sind, aber in die ich einkehren kann und dabei plötzlich einen neuen, einen volleren Klang in mir selber spüre.

W.: Gehen wir über zur Farbe Schwarz. Wir assoziieren sie mit Nacht und mit Tod. In der Therapie begegnen Sie ja sicher immer wieder dem Thema Sterben und Tod. Und in Ihrem Buch über Paul Klee »Engel der Wandlung«, haben Sie die Wege eines Sterbenden nachgezeichnet. Wie passt Ihre Lebensbejahung zu diesen schweren, dunklen Themen?

R.: Zunächst: Der Tod ist für mich immer wieder erschütternd, und ich weiß dann im Moment keine Sinndeutung. Aber das Wissen um den Tod, das mich seit der Kindheit im Bombenkrieg begleitet und im späteren Leben dann bei dem Verlust meiner Eltern, meiner Schwester durch Krebs und mehrerer sehr naher Freundinnen und Freunde, das ist für mich auch etwas, das, wie ich immer wieder erlebt habe, zum Leben aufschreckt oder auch aufweckt. Leben ist für mich deshalb besonders kostbar, gerade weil ich weiß, dass ich sterblich bin. Und vielleicht gibt der Tod dem Lebensstrom das eigentliche Gefälle, die eigentliche Strömung und auch den Tiefgang. Paul Klee begegnet ja in den letzten eineinhalb Jahren seines Lebens während der tödlichen Krankheit, die in ihm war – Sklerodermie –, Engelsgestalten, die alle seine Leiden und Wandlungen mit vollziehen und spiegeln, und er zeichnet sie. Und ich glaube, das ist für ihn eine Brücke und auch eine Möglichkeit, diesen Lebensübergang zu bestehen. Und so habe ich auch spontane Bilderserien von Krebskranken, die zu mir als Patienten kamen, so erlebt, dass sie einen Transformationsprozess anzeigen. Trotz des körperlichen Verfalls und vielleicht gerade wegen des körperlichen Verfalls brach in ihnen eine Durchlässigkeit auf für Wesentliches, und es erfolgte eine innere Reifung zum Wesentlichen dieses Lebens hin. So habe ich es immer wieder erfahren.

W.: Den Bildern, ob in der Kunst oder in der Therapie, gilt immer wieder Ihre Aufmerksamkeit. Sie haben in Ihrem Buch »Bilder« eine bewusste Sehweise von Bildern entwickelt, die eine innere Grammatik von Bildern aufzeigt, ob das nun Bilder von Malern wie Marc Chagall, Paul Klee, Friedensreich Hundertwasser sind oder auch spontane Bilder aus dem Unbewussten. Ist das eine besondere Magie, die da zum Vorschein kommt?

R.: Die spontanen Bilder aus dem Unbewussten, ob in der Phantasie oder auch in Wirklichkeit gemalt, sie sind, so erlebe ich immer wieder, für die Therapie sehr wichtig. Sie sind diagnostisch wichtig, bieten sie doch eine Art Seelenlandschaft an, eine Art Selbstdarstellung, selbst wenn ganz andere Gegenstände oder Personen als man selber darauf dargetellt sind. Man malt immer in gewisser Weise sein Inneres. Sie sind auch prognostisch hoch interessant, weil oft an unvermuteter Stelle irgendwie ein nach vorne weisender Hinweis kommt oder auch ein Hoffnungsschimmer. Solche Bilder sind im Grunde selbst schon Heilmittel, denn wer überhaupt malt, erhebt sich in dem Moment über seine Passivität, über seine Lähmung, über seine Ohnmacht, er erlebt sich wieder als Gestalter. Er findet außerdem Sinnzeichen für sein Leben. Ich habe inzwischen viel mit solchen spontanen Bildern in der Therapie gearbeitet, auch mit Leuten, die an ihrer Entwicklung interessiert sind, und bin immer wieder davon berührt, wie stark diese Bilder ausdrücken, wie es diesen Menschen geht und auch wo Zeichen nach vorn weisen, also auf künftige Entwicklungen hin.

W.: Die Nachtseite des Sichtbaren, die schwarze Frau, die dunkle Göttin, war ja ein großes Thema bei vielen Frauen der 80er Jahre. Hatten Sie selbst einen Zugang dazu?

R.: Ja, ich finde es gibt sie als diese Geheimnisvolle, die uns sehr viel geben und in uns erwecken kann, und dann gibt es sie auch als die Verwunschene. Ich hab sie zuerst als die Verwunschene kennen gelernt. Schon Anfang der 70er Jahre hat mich ein Märchen – ein Donaumärchen –, das den Titel »Bei der schwarzen Frau« hat, jahrelang nicht losgelassen. Es geht da um die Symbolgestalt dessen, was am Weiblichen für uns alle, also in unserer ganzen Gesellschaft und in der Kirche verdunkelt, abgewertet und insofern erlösungsbedürftig ist. In diesem Märchen muss eine junge Frau unter Einsatz ihres Lebens die Schwarze Frau erlösen. Und das geht Schritt für Schritt. Zum Schluss ist nur noch die Zehe jener geheimnisvollen Frau schwarz und das übrige bereits weiß, aufgehellt. Aber das geht nur unter Einsatz des Lebens der Heldin und bis hin zu deren Bedrohung durch den Scheiterhaufen. Auch das Hexenthema steckt ja hier mit drinnen. Durch die Abwertung des Weiblichen ist manches Weibliche, sind manche weiblichen Kräfte auch zerstörerisch und eben destruktiv geworden. Und auch in mir selber entdeckte ich anhand dieses Märchens und dieser Faszination so manches unerlöste Weibliche, das männliche Werte bis dahin höher schätzte als weibliche. In der Kirche stieß ich ja auch immer wieder darauf – durch bestimmte theologische Traditionen wie auch durch die lange Ausschließung der Frauen aus dem Pfarramt und aus sonstigen leitenden Ämtern.

Das also gehört zu der verwunschenen Gestalt der Schwarzen Frau. Auf der anderen Seite begegnete ich auch der »Schwarzen Madonna«, zuerst in Einsiedeln, und war sehr berührt von diesen »Schwarzen Madonnen« überhaupt, weil ich den Eindruck hatte, dass sich da die Erdseite des Weiblichen realisiert. Eigentlich sind die ja alle dunkelbraun, nicht wirklich schwarz, und sie sind verwandt mit der »schwarzen Isis« in Ägypten, die dort auch als Symbol für die fruchtbare Nil-Erde steht. Mit diesen Gestalten, die in der katholischen Kirche am meisten unter allen Madonnen Verehrung genießen, also die Volksfrömmigkeit am stärksten anziehen, beginnen wir die Erdseite des Weiblichen wieder zu entdecken und damit natürlich auch unseren Körper und all das, was in der christlichen Tradition oft etwas unterbelichtet geblieben ist. Und das kommt bei vielen Frauen einer Identitätsfindung gleich. Bei mir gehört es also auch zu einem größeren Entwicklungsweg, wo ich bisher weniger Beachtetes einfach neu entdeckte. Und insofern hingen dann die verschattete, also die dämonisierte schwarze Frau und die innig verehrte »schwarze Madonna« auch wieder zusammen.

W.: Wenden wir uns nun dem Gegenpol zu: Vom Schwarz zum Weiß, der Farbe des Lichts, der Unschuld, des Unberührten. Ist das Weiß des Anfangs auch im älteren Menschen zu finden? Und gibt es sie, die Selbstheilungskräfte der Seele, von denen die Psychotherapie spricht?

R.: Aber ganz bestimmt. Unsere menschliche Psyche ist ein selbst organisierendes System und daher auch ein selbst heilendes. Wir alle können beim Rückblick auf unser Leben sehen: Über was wir nicht alles hinweggekommen sind, auch ohne therapeutische Hilfe! Nun gibt es natürlich tiefer gehende Störungen des Ich, einen inkohärenten Ich-Komplex zum Beispiel, wie wir Psychologen das nennen, oder ein durch Traumatisierung verstörtes und fragmentiertes Ich, und da braucht es dann professionelle Hilfe, um die blockierten Selbstheilungskräfte wieder in Gang zu setzen. Aber ich meine doch, es geht immer darum, diese Selbstheilungskräfte wieder zu wecken, denn von außen allein könnten wir überhaupt nicht heilen. Das ist natürlich die Sicht, die ich im Kontakt mit der Jung'schen Psychologie gewonnen habe, die sich nun aber in einigen Jahrzehnten psychotherapeutischer Praxis auch bewährt hat. Und auch gerade der ältere Mensch kann aus tieferen Schichten seiner Psyche solche Selbstheilungskräfte und Ressourcen, wie man heute auch gerne sagt, auffinden. Oft kommt da nämlich auch das, was er in der Kindheit erlebt hat, also nicht nur das Schwere, sondern auch das, was getragen hat, noch einmal stärker ins Erleben.

Dieses Gespräch wurde im Original in der Sendreihe »Evangelische Perspektiven« des Bayerischen Rundfunks gesendet.

Quellennachweis

Wir danken dem DRS und dem BR für die freundliche Genehmigung zum Abdruck der Gespräche S. 11–34 und S. 105–118.

Buchtitel von Ingrid Riedel,
auf die in den Gesprächen Bezug genommen wird:

Bilder in Psychotherapie, Kunst und Religion. Ein Schlüssel zur Interpretation © 2005 Kreuz Verlag

Die gewandelte Frau. Vom Geheimnis der zweiten Lebenshälfte, © Herder Verlag Freiburg

Engel der Wandlung. Die Engelbilder Pauls Klees, © Herder Spektrum, Freiburg i.Br.

Farben in Religion, Gesellschaft, Kunst und Psychotherapie, © 1999 Kreuz Verlag

Hildegard von Bingen. Prophetin der kosmischen Weisheit, © 2005 Kreuz Verlag

Maltherapie. Eine Einführung auf der Basis der Analytischen Psychologie von C. G. Jung. Mit Beiträgen von Christa Henzler, © 1992 Kreuz Verlag